小学校体育

オールカラー
子どもの体力・運動能力がアップする

体つくり運動 & トレ・ゲーム集

立教大学コミュニティ福祉学部教授
松尾哲矢 著

ナツメ社

はじめに

　本書のタイトルを「トレ・ゲーム」としたのは、トレーニング・ゲームを略したもので、体力や運動能力の向上につながる運動遊びを意味します。あくまでもゲームを楽しんで、その結果トレーニングの効果が期待されることを意図したものです。

　子どもの心身に対して刺激を与えると適切な反応を示します。その刺激が「命令」というような機械的なものではなく、あくまでも子どもがその活動自体を十分に楽しみ、自発的に運動をしたいと思えることが重要なのです。

　ゲームによって身に付けたい能力が異なるので、各ゲームで期待される身に付く能力を表しました。子どもは楽しんでゲームを行い、先生は意図してトレーニングを促すことができるようにしています。

　本書のトレ・ゲームを授業や活動に取り入れてみてください。子どもたちに合った取り入れ方で構いません。子どもたちにとって楽しく、そしてたくましい成長を促す、先生方の授業づくりに役立ててください。

立教大学教授　松尾哲矢

たくさん
ひろうぞ！

ピックアップゲーム
あらかじめ散らばせておいたトランプを拾いにいっせいにスタート！
（→ 26 ページ）

ブラインド ウォークリレー
ペアで前後に並び、目隠しした人が肩をもって走ります。
（→ 56 ページ）

ゆっくり
いこうね

ジャンプ！

くぐって 越えて
ゴムひもをくぐったり、ジャンプしたりして越えていきます。
（→ 38 ページ）

ヒューマンサッカー
スタートと同時にダッシュ。赤チームについたらジャンケンポン！
（→ 88 ページ）

ジャンケンポン！

シッポはわたさないよ！

シッポを取ったり取られたり
相手チームの腰に付けた紙テープを取ります。紙テープ2枚でやってみました。
（→ 48 ページ）

もくじ

はじめに………………………… 2	種目別 トレ・ゲーム一覧表……… 169
トレ・ゲームとは?	主な参考文献と協力者紹介……… 175
●子どもの課題に応じて生まれた 　トレ・ゲーム………………… 10	
●授業の構成とトレ・ゲームの 　配置のしかた………………… 12	
●トレ・ゲームと「ルール」……… 14	
この本の使い方………………… 16	

低学年向けのトレ・ゲーム

低学年の体つくり運動とトレ・ゲーム ……… 18

その他 バランスを取りながら平均台を移動 **バランス&クイック** …… 20	**走る** オニも逃げる人も、突然決まるオニごっこ **鶴の一声オニごっこ** …… 50
投げる かけ声とボールに反応しよう **スーパーキャッチ** …… 22	**跳ぶ** ゲーム性をもたせたジャンプ3種類 **タクト・サークル・ジャンケンジャンプ** …… 52
その他 バランスとタイミングの勝負 **くずすか くずされるか!** …… 24	**跳ぶ** 指定の番号順に、円から円へ両足跳び **数跳びピョンピョン** …… 54
走る 投げられたトランプをいそいで拾おう **ピックアップゲーム** …… 26	**その他** 目隠しした仲間を導くチームリレー **ブラインドウォークリレー** …… 56
走る ジャンケンに運動をプラス **走って足踏みしてジャンケンポン** …… 28	**跳ぶ** 跳び箱を使ってリズムよくジャンプ **リズムでピョン** …… 58
走る 2人で逃げて、追って、チームワークを高めよう **ふたりでタッチ!** …… 30	**その他** 目隠しして「右!」「左!」「クルッと一回転!」 **目隠しエクササイズ** …… 60
走る ボールを持って走ってパスして、ゴールを目指そう **ボールの宅配便** …… 32	**跳ぶ** スキップからジャンプに切り替えて **スキップ・ジャンプ・タッチ** …… 61
投げる タオルでボールを受けてパス **タオルでキャッチ&スロー** …… 34	**跳ぶ** 左右の人が投げるボールを順にジャンプキャッチ **ジャンプでキャッチ** …… 62
その他 守備をくぐり抜け、腰にかけたタオルを運べ! **宝の運び屋** …… 36	**その他** 風船ドリブル三人四脚リレー **三人四脚 だれが蹴る?** …… 63
跳ぶ 張られたひもを越えていくミニ障害物走 **くぐって 越えて** …… 38	**その他** 誰がどの順番で並んでいるかを探し当てよう **並んでいるのはだれ?** …… 64
跳ぶ 円から円へ跳び、オニから逃げろ! **ジャンプでオニごっこ** …… 40	**跳ぶ** リズムよく閉じ開きする足をジャンプしてかわせ **タイミング・ジャンプゲーム** …… 65
跳ぶ "ウマ"をくぐって、跳んで、ボールを勝ち取れ! **野を越え 山を越え** …… 42	**走る** 紙テープが床につかないように疾走 **走れ! 疾風のごとく** …… 66
走る 蹴り倒されたペットボトルをどれだけ立て直せるか **ペットボトルキッカー** …… 44	**その他** 手で歩く人の足を持った手押し車でオニごっこ **手押し車オニ** …… 67
走る ボールを蹴って、走って、整列! **キック! 集まれ!** …… 46	**その他** 相手チームがしぼったタオル、まだ水が出る? **すべてをしぼりきれ!** …… 68
走る 相手の「シッポ」を取って、仲間を助けよう **シッポを取ったり 取られたり** …… 48	

中学年向けのトレ・ゲーム

中学年の体つくり運動とトレ・ゲーム ……… 70

走る	ジョギング中にタッチした人、誰かな **ジョギングタッチーシュート&ゴールー** …… 72	
投げる	遠心力をコントロールして、ハンマーを投げる **遠心力を活かせ!** …………………… 74	
打つ	ボールをターゲットに近づけるほど高得点 **ターゲットによせろ!** ………………… 76	
打つ	卓球のラケットと玉入れの球でナイスオン!? **卓球ゴルフ** …………………………… 78	
その他	音楽にのせて右腕と左腕で違う動きをしよう **チェンジ・ザ・リズム♪** …………… 80	
走る	目隠しをした後ろの人を上手く先導しよう **一心同体** ……………………………… 82	
跳ぶ	運搬者のフラフープにタイミングよくジャンプ! **ジャンプ地を確保せよ!** …………… 84	
その他	4人で協力して宝を運ぼう! **宝を持って 川をわたれ!** …………… 86	
走る	ジャンケンで連続勝利してチームに貢献しよう! **ヒューマンサッカー** ………………… 88	
走る	円を1周して、チームにハイタッチ! **サークル・リレー** …………………… 90	
走る	スキを見つけ、タイミングよく走ってタッチ! **タッチして戻れ** ……………………… 92	
走る	ペアで交互に「止まって」「走って」 **つながって交互に走れ** ……………… 94	
走る	バケツからバケツに水をこぼさず運べ **まわれ 水!** ………………………… 96	
跳ぶ	リズムよく棒を動かし、リズムよくジャンプ **バンブージャンプ** …………………… 98	
投げる	味方も敵も陣地が2つのドッジボール!? **4面ドッジボール** …………………… 100	
打つ	四方八方から来るボールを防ごう **打球を弾く壁になれ** ………………… 102	
その他	「内側に引く力」「外側に引く力」勝つのはどっち!? **円形綱引き** …………………………… 104	
その他	紙テープが切れないように全部巻き付けよう **まきまきマシーン** …………………… 106	
打つ	「ボールをつくる」「パス」「打つ」の協力プレー **新聞ボールを飛ばせ** ………………… 108	
投げる	遠い的、近い的、どっちに球を投げる? **あっちこっち球投げ** ………………… 109	
その他	動作の発信者をオニに見つけられないように **発信者を探せ** ………………………… 110	
投げる	水の入ったペットボトルをチームワークで運ぶ **ペットボトル・リレー** ……………… 111	
その他	ボールをキャッチするまでに球の数を数えよ **数えてキャッチ** ……………………… 112	
その他	回転するハンマーを「かがむ」「ジャンプ」でかわそう **回転ハンマーをかわせ** ……………… 113	
投げる	投げられたディスクを走ってキャッチ **空中ふんわりキャッチ** ……………… 114	
走る	石ころを蹴って、走って、ジャンプして **石けり障害物走** ……………………… 115	
その他	風船をうちわであおいで進めるかな? **風の力で風船よ進め** ………………… 116	
投げる	投げられた球をすかさずブロック **ボールブロッカー** …………………… 117	
走る	誰が長く走るかで勝負が決まる!? **サークル・ダッシュ** ………………… 118

高学年向けのトレ・ゲーム

| 高学年の体つくり運動とトレ・ゲーム ……120

ばらばらに破れた新聞紙を4人で元に戻そう！ **復元能力** …… 122	素早くカラーコーンを回って、ボールをつなごう **対面リレー** …… 152
突然の指令に間違えずに反応 **すぐさまヘンシン！** …… 124	ゴールまでボールを運べるかチームワーク勝負！ **ボールの運び屋にタッチ** …… 154
アイコンタクトでコミュニケーションをとる遊び **アイコンタクトパス** …… 126	ひもをハードルにして、走る！跳ぶ！ **リズミカルジャンプ** …… 156
コミュニケーションをとりながらストレッチ **タッチングストレッチ** …… 128	どちらに加勢するか状況判断が重要な綱引き **スリーチーム綱引き** …… 158
音だけを頼りに相手をタッチ **「どこ？」「ここ！」** …… 130	動くボールに書かれている番号がわかるかな？ **ウォッチ・ザ・ボール** …… 160
うちわを使って風船を打ち返そう **うちわでポンポン** …… 132	右手・左手の動作を左手・右手にチェンジ！ **切り替え上手** …… 161
走って、投げて、キャッチして **ムービングキャッチ** …… 134	コールの番号に全速力タッチ！ **ナンバー・タッチ・ラン** …… 162
コミュニケーションをとりながら走ろう **コミュニケーション・ランニング** …… 136	球を当てて風船を動かせ **風船的当て** …… 163
協力して2人でボールをよけろ！ **ボール リターンズ** …… 138	かかとでパス！かかとでシュート！ **ヒールキック ―パス&シュート―** …… 164
細かいボール操作を駆使してゴールを目指そう **最短ルートでゴー！** …… 140	水の入った重いペットボトルを運ぶ **水の運び屋** …… 165
風船をバランスよく扱い、新聞紙を復元しよう **落とさず 復元せよ！** …… 142	「パスしてターン」を10往復 **クイック・ターン・パス** …… 166
シグナルに合わせた動きをこなして競争 **シグナルジャンプ&ラン** …… 144	笛の回数でオニが決まる **コール・タッチ・ゲーム** …… 167
マス目の進み方を考えてゴールを目指す **直角進行 ―スキップ&ダッシュ―** …… 146	タッチされずにコートを走り抜けろ！ **壁を越えろ！** …… 168
パス係、囲む係とで協力してボールを回そう！ **ボールホルダーを囲め！** …… 148	
先生の指令をよく聞いて円を進もう **リアクション&サークル・ラン** …… 150	

トレ・ゲームとは？

子どもの課題に応じて生まれたトレ・ゲーム

身体コントロール機能の低下や、運動をする・しないの二極化などの子どもの課題に対して学習指導要領が変更されました。これらの課題に対応すべく考案されたのがトレ・ゲームです。

子どもの実態から見えてくる課題

現在の子どもに異変が起きています。

第一に、子どもの体格と体力がアンバランスなのです。**表1**に示すように、今の子どもの体格は大変よくなっていますが、体力や運動能力は低くとどまっています。昭和60年度に11歳の子どもと、平成26年度に11歳の子どもとでは、例えば、投げる能力（ソフトボール投げ）は今の子どもの方が男子で6.0m、女子で3.9mも飛距離が短くなっています。車に例えると、以前は、小型の自動車に小型のエンジンが付いていて、小回りが利いたのですが、今は大型の自動車に小型のエンジンが付いている状態で、小回りの利かない状態です。つまり身体コントロール機能が低くなっているのです。

第二に、小学生の顔面のケガは、1978年に約64,000件であったものが、2011年では約104,000件と1.6倍ほどになっています（1978年：日本体育・学校教育センター、2011年：日本スポーツ振興センター）。本来ならば、倒れる際に反射的に手を出して身を守る動作をするのですが、エンジンが車体の大きさに対応できず、反応がにぶくなっているからかもしれません。

第三に、運動する子どもとしない子どもの二極化です。**表2**の笹川スポーツ財団が実施した調

表1 昔と今の子どもの体格と体力・運動能力の比較

	男子		女子	
	昔の子ども	今の子ども	昔の子ども	今の子ども
身長（cm）	143.2	144.9（↑1.7）	145.5	147.1（↑1.6）
体重（kg）	36.5	37.6（↑1.1）	37.8	38.9（↑1.1）
50m走（秒）	8.8	8.9（↓0.1）	9.0	9.2（↓0.2）
ソフトボール投げ（m）	34.0	26.7（↓7.3）	20.5	16.4（↓3.9）

※昔の子どもは昭和60年度の11歳、今の子どもは令和元年度の11歳
※カッコ内の数値は昔の子どもと今の子どもとの数値の増減値
※全国平均値は小数点以下第2位で四捨五入しています
※「令和元年度体力・運動能力調査報告書」（2020）スポーツ庁

表2 子どもの運動実施頻度の比較

	男子		女子			男子		女子	
	非実施	高頻度（週7回以上）	非実施	高頻度（週7回以上）		非実施	高頻度（週7回以上）	非実施	高頻度（週7回以上）
4歳	16.6%	36.9%	11.4%	38.6%	9歳	2.4%	38.6%	4.9%	25.8%
5歳	4.3%	32.3%	6.6%	43.4%	10歳	0.0%	42.6%	2.9%	26.1%
6歳	4.1%	32.0%	4.4%	35.3%	11歳	1.0%	39.2%	6.3%	26.8%
7歳	1.0%	32.0%	7.7%	33.0%	12歳	5.3%	48.4%	11.8%	39.1%
8歳	1.0%	34.0%	6.5%	28.0%	13歳	3.0%	59.0%	14.4%	39.2%

※「子どものスポーツライフデータ」（2009）SSF笹川スポーツ財団

査(2009)によれば、週7回以上の運動を行う子どもは、13歳の男子で59.0%に対し、女子では39.2%と約20%の差異が見られます。また、運動をしない子どもの割合は、小学校の高学年になるにしたがって高くなり、なかでも女子は12歳で11.8%と10%を超え、13歳では14.4%とさらに高くなっています。このように学年が上がるにしたがって運動実施・非実施の二極化が目立っており、運動をしない子どもに対する取り組みが急務といえます。

子どもの課題に対する学習指導要領の概要

　学校体育において子どもの課題に応えるべく、学習指導要領では、体育科の内容の構成を低・中・高学年の3段階で示し、例えば低学年では「体つくりの運動遊び」「器械・器具を使っての運動遊び」「走・跳の運動遊び」「水遊び」「ゲーム」「表現リズム遊び」で構成されています。このうち「体つくりの運動遊び」は「体ほぐしの運動遊び」と「多様な動きをつくる運動遊び」からなります。運動遊びとして示すことで、子どもがやさしい運動に出会い、伸び伸びと体を動かす楽しさや心地よさを味わう遊びであることが強調されています。
　運動遊びの持っている楽しさと心地よさを実感し、自然と体力が高まるような運動のしかたとその指導方法が求められているのです。

運動の楽しさとは「夢中になること」

　そもそも運動の楽しさとは一体何でしょうか。それはスポーツを楽しんだあとに気分がすっきりすることと深い関わりがあります。スポーツの楽しさとは、「夢中になること」にあるといっても過言ではありません。
　例えば、ある人が対人関係で悩みを抱いていたとしましょう。そんなときにスポーツを始める。始めの適当に楽しんでいる間は、悩みが残っています。ところが、スポーツは時として自らの能力のぎりぎりか、あるいはそれをフルに発揮しなければ競争に勝てない場面があります。そうするとスポーツに集中せざるを得なくなります。これが夢中になった状態です。この瞬間はいわば非日常の世界にいるのです。そしてゲームの終了とともに日常に戻る。すると、今までの悩みは、夢中の状態において遮断され、ゲーム後は思い出す対象となるのです。その過程において、一時、重い荷を下ろすように、すっきりとした気分になるのです。

トレ・ゲームは運動そのものを楽しむ

　夢中になる運動遊びを行う一方で、子どもの能力を高める必要があります。高めたい体力要素が明確で、その目的のための手段として行われるのがトレーニングです。しかし、トレーニングは時として訓練的、鍛錬的な運動となりがちで、楽しさの中で実施することが難しいことも事実です。
　そこで「トレーニングの効果がある運動遊び（ゲーム）＝トレ・ゲーム」を提案します。これは、運動ゲームそのものを楽しむことを目的とし、結果として体力や運動能力を高めていくものです。

「走れ！疾風のごとく」（→p66）

11

トレ・ゲームとは❓

授業の構成と
トレ・ゲームの配置のしかた

授業の構成のポイントや、トレ・ゲームを授業で導入する際の原則を説明します。

準備運動、整理運動も楽しむ「連峰型」の授業へ

　従来の授業や練習は、準備運動・主運動・整理運動で構成されます。例えば主運動がサッカーであれば、まず集合し、今日の授業の流れが説明され、ストレッチなどの準備運動をしてからサッカーをすることになります。その後、整理運動が行われ、本日の振り返りがあり、1回の授業が終了します。つまり主運動を1つの山としてその前後に準備運動と整理運動が実施される。**図1**のような「単峰型」の練習・学習過程が一般的です。

　子どもにはスポーツの得意、不得意があります。サッカーが得意な子どもは、主運動の時間において常に中心的で優位な立場にいることができます。しかし、初めてサッカーをする子どもや不得意な子どもは自分が上手くやれているといった自己効力感を持つことはできず、やがてスポーツ自体に興味を失うことも少なくありません。

　そこで単峰型の練習形態を脱し、誰しもが成功体験を持てるような環境をつくることが重要となります。準備運動・整理運動をそれぞれ主運動に連動しながらも独立した山に位置づける、いわば「連峰型」の練習活動です（**図2**）。遊びの要素をふんだんに織り込んだトレ・ゲームを準備運動や整理運動などに行い、連峰型のしくみにすることで、1日のスポーツ活動における1つ1つのシーンをより楽しめる空間にすることができます。参加するすべての子どもが成功体験を味わうことができ、全員が良好なコミュニケーションを獲得する機会として位置づけることが重要なのです。

図1 「単峰型」の流れ

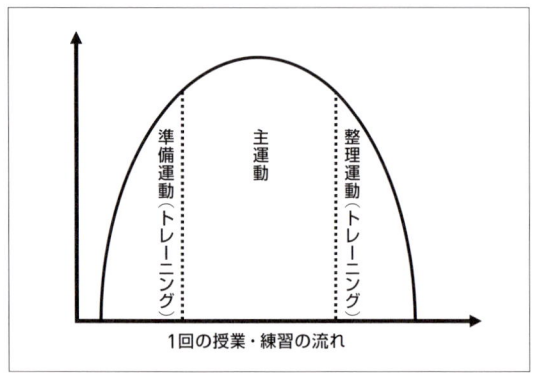

図2 「連峰型」の流れ

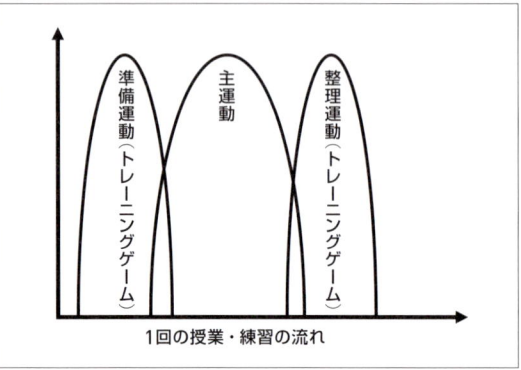

授業や練習でトレ・ゲームを配置する4つの原則

　授業や練習でトレ・ゲームを配置する際、4つの原則を知っておくと、より効果的な構成ができます。

(1)「動かす身体の部位や働きのバランス」の原則

腕や足など、トレ・ゲームによって主に動かす身体の部位が異なり、体力要素(敏捷性、持久力など)も違うので、バランスのよい配置が重要です。トレ・ゲームを準備運動として実施する場合は、サッカーなどの主運動の動きを高めるゲームも含めて配置するとよいでしょう。

(2)「夢中の時が止め時」の原則

ゲームをしているうちに子どもは夢中になっていきますが、ある一定の時間や回数を終えると徐々にさめていきます。夢中になっている間こそ、子どもの身体的コミュニケーションによる関係づくりが活性化されます。**図3**に示すように、まだやりたいと思っているところでゲームを切り上げて、次のゲームに移ることで夢中の空間をつくりやすくなります。

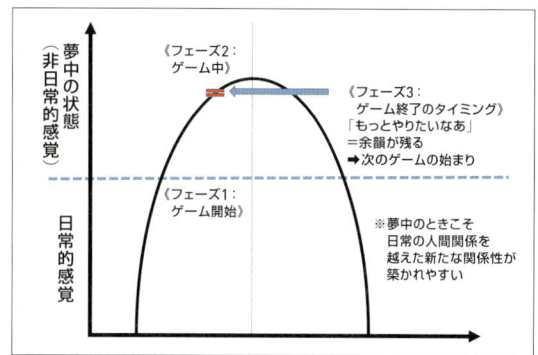

図3 ゲーム開始からゲーム終了のタイミング

(3)「ゲームの終わりが次のゲームの始まり(いつの間にかそうなった)」の原則

子どもが自然とゲームに入れる配置が重要です。
次のゲームにいくときの「○人組になって」などという指導は、丁寧な言い方でも「○○しなさい」という命令に違いありません。ゲームを演出する上で、命令ではなく「いつの間にかそうなった」という状況をつくりだすことが重要です。例えば、1対1のゲームの後は、その2人がチームになって2対2のゲームを実施、その後にその4人がチームになって次のゲームを行います。このようにゲームを配置されていれば、進行がスムーズで、子どもが自然とゲームに入っていけます。

(4)「人間関係の形成過程に応じた配置」の原則

トレ・ゲームは、身体的コミュニケーションに基づく活動で、他者と身体感覚的につながることを実感しながら人間関係をつくりだす機会ともなります。

また、指導者は、始めは指示を与える役割(指示的指導)を多く担いますが、子どものグループ内の相互作用やコミュニケーションが活発になると、その活動を支援する役割(支援的指導)を徐々に多く担うようにして、自立したグループが自然に育つように支援します(**図4**)。具体的な進め方を例示します。

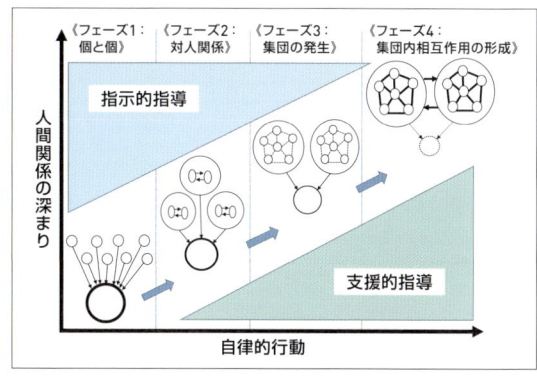

図4 人間関係・自律的行動の深まりと指導の変化

❶一人ひとりが思い思いに集まる
(指導者:指示的指導)
集合した段階では、子どもと先生の1対1の関係になっています。みんなで一度に楽しめるゲームを行います。

❷2人組ほどで対人関係をつくる
(指導者:指示的指導を中心に、支援的指導も行う)
簡単なゲームをして2人組をつくります。次にその2人組で楽しめるゲーム(ジャンケンゲームなど)を実施します。

❸グループをつくり、グループの輪を拡大する
(指導者:徐々に支援的指導へ)
2人組から4~6人組のグループをつくり、グループで協力するゲームを行います。

❹メンバーの役割分担、人間関係ネットワークが密になる(指導者:支援的指導が中心)
グループどうしの対抗戦などのゲームで、グループ内での役割分担を決め、作戦を立てるなどでグループ内の人間関係を深めます。

トレ・ゲームとは❓

トレ・ゲームと「ルール」

トレ・ゲームのルールのポイントと実施するときの注意点をおさえておきましょう。

安全・秩序・面白さもルール次第

　ゲームはルールによって成立しています。つまり、ルールによってどのようにでもゲームを変更・作り出すことができるということです。ゲームを行う上で、ルールがどのような働き（機能）をするのか、そのポイントをおさえて全員が楽しめるルールを設定することが重要になります。ルールには主に❶〜❻のような働きがあります。

　なかでも「平等・機会の均等」「秩序の維持」「安全の保障」は、そのゲームを成立させる最も基本的な働きといえます。その上に立って、全ての子どもが夢中になって楽しめるように「勝敗の未確定性」を担保し、「緊張のバランス」をとりながら、いかに「面白さの保障」をしていくかが、指導者の腕の見せどころとなります。

❶「面白さの保障」　❸「平等・機会の均等」　❺「秩序の維持」
❷「勝敗の未確定性」　❹「安全の保障」　　　❻「緊張のバランス」

「勝敗の未確定性」とルールの考え方

　スポーツやゲームの大きな特徴として、誰でも参加することができる「参加機会平等主義」が挙げられます。しかし、そのままでは体力や運動能力の違いが考慮されず、結果は体力・運動能力の高い子どもが勝利することになります。

　そのため、近年は勝敗をつけなくするように、みんな手をつないでゴールするといった「結果平等主義」をうたう人も出てきましたが、それでは勝利を目指して夢中になることができず、楽しさは半減します。

　ここで重要なのは、勝利に対してのチャンスが平等に与えられている「勝利へのチャンス平等主義」ではないでしょうか。工夫と戦略次第では誰でも勝利できる仕組みつくりが重要なのです。

　その方法の1つとして「ルールの個別性」を認めることが挙げられます。

　例えば、4人組でドッジボールの連続パスのチーム対抗戦をしようとした場合、不得意な子どもは「失敗したらみんなに迷惑をかける」と、不安になります。上手くいったとしても「失敗しなくてよかった」だけがクローズアップされ、運動好きにはなりません。そこで、「失敗しても連続回数は途切れない」としたとします。そうすると不得意な子どもの失敗への不安は取り除かれ、成功への意欲が高まるでしょう。そのようなルールの対応も工夫次第では可能なのです。

トレ・ゲームのしかた

　トレ・ゲームを行う場合、以下のA、B群を把握し、C群を変更することが大切です。また、トレ・ゲームに使用できる道具を紹介します。

A 子どもの状況を把握する
- 発育・発達の状況、及び障がいの有無など
- 年齢差、性別、能力差、体力差
- スポーツ・運動経験差
- グループにおける互いの親密さ

B 場所・施設や用具の状況を把握する
- 室内や室外の状況、コートの広さ、用具の種類や数など

C ルールを工夫する
- 年齢、性別、能力、体力、障がいなどによってハンディキャップをつける
- コートに入る人数、競技時間、交代の方法を工夫する
- 障害物を置くなど難易度を変える
- 運動能力によって難易度を変える
（例：ノーバウンド→ワンバウンド可など）
- ケガの防止のための用具や方法を工夫する
- 用具やコートを子どもの特性によって変える
（例：ボールの大きさや材質、コートの大きさや高さなど）

トレ・ゲームに使用できる道具

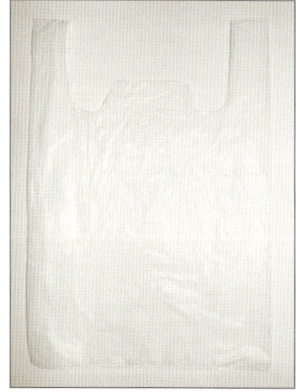
ビニール袋

輪ゴム

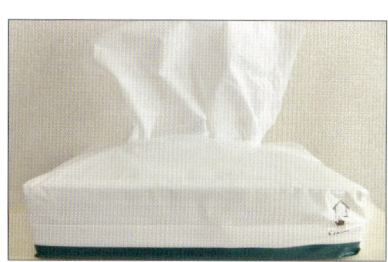
ティッシュ

紙コップ

新聞紙

ペットボトル

トランプ

風船

15

この本の使い方

1 学年
対象学年。小学校低学年（1〜2年生）、中学年（3〜4年生）、高学年（5〜6年生）で分けている。

2 場所
トレ・ゲームをするときの場所。グランドなどの「屋外」、体育館などの「屋内」。

3 種目
トレ・ゲームの大まかな種目分け。「走る」「投げる」「跳ぶ」「打つ」「その他」の5項目。

4 使用する道具・人数・時間
トレ・ゲームをするときに使用する道具、想定人数、1回のゲームの想定時間。

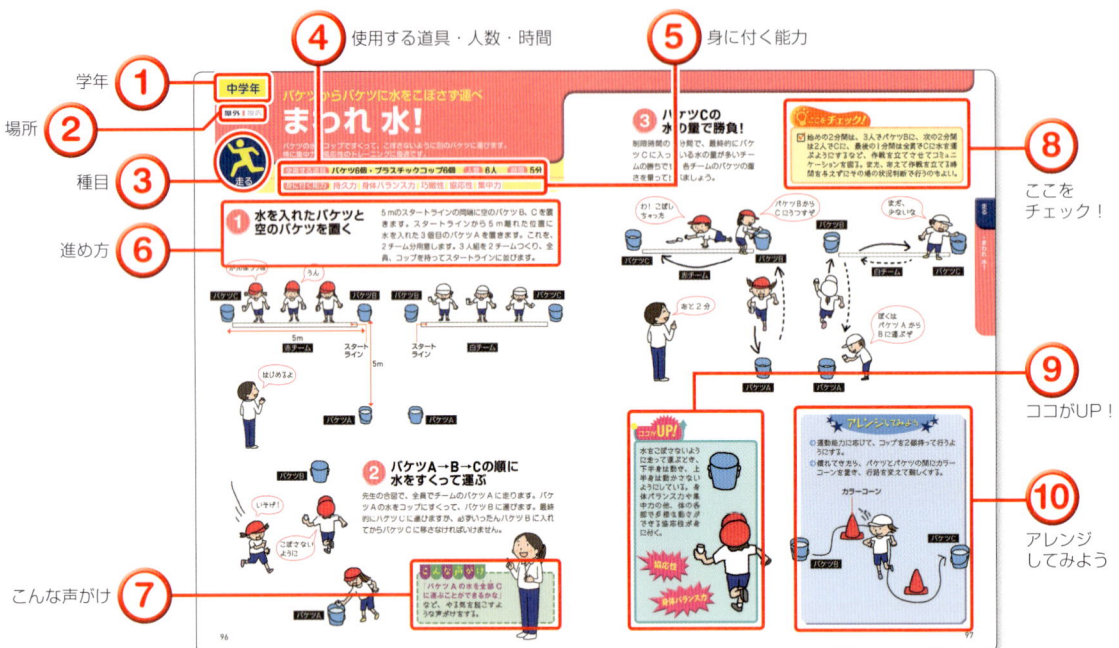

5 身に付く能力
トレ・ゲームをして想定する身に付く能力。
- **筋力**…………… 腕周りや上半身、下半身などの筋肉。
- **持久力**………… 運動を持続して行う能力。
- **柔軟性**………… 筋や腱、靭帯の弾性。
- **身体バランス力**… 平衡性。身体の姿勢を保つ能力。
- **タイミング力**…… 瞬発的に能力を発揮できる能力。また、的確な身体反応。
- **巧緻性**………… 身体を正確に動かす能力。用具を使うときの器用さ、巧みさ。
- **敏捷性**………… 身体を素早く動かす能力。
- **協応性**………… 2つ以上の運動を連結する協応動作を行う能力。
- **集中力**………… 1つのことに集中する能力。また、その持続力。
- **状況判断力**…… 状況を的確に理解し、適切な判断をする能力。
- **協調性**………… チームの能力を理解し、協力して運動する能力。

6 進め方
ゲームの手順。他に、ゲームを慣れるために行う『基礎遊び』、人数や動作で分かれた『場合分け』がある。

7 こんな声がけ
子どもを励ましたり、円滑にゲームを進めたりするための先生の声がけの例。

8 ここをチェック！
トレ・ゲームを進める上での留意点。

9 ココがUP！
そのゲームと「身に付く能力」との関係性のより詳しい解説。

10 アレンジしてみよう
トレ・ゲームのアレンジ例。

16

低学年
向けのトレ・ゲーム

1、2年生の発育・発達段階に合わせて、ルールが簡単で、運動量が多くなく、多様な動作を身に付けることができる、トレ・ゲームを紹介します。遊戯性が強く、楽しく行うことができるプログラムばかりです。

低学年の体つくり運動とトレ・ゲーム

低学年の発達とそれに応じた運動

　低学年の頃はプレ・ゴールデンエイジといわれる時期で、神経系統が著しく発達し、いろいろな運動遊びを通して運動能力の基礎がつくられます。また、興味のあることには熱心に取り組みますが、面白くないと感じるとすぐにやめてしまいます。
　そこで、簡単な運動遊びに夢中になって取り組み、その結果として楽しさを感じ取れるような運動をしましょう。
　どちらかといえば筋力や持久力よりも、身体をコントロールする身体バランス力や協応性を身に付ける運動が重要です。特に身に付けたい能力からトレ・ゲームを選び、授業（練習）に導入するのもよいでしょう（トレ・ゲーム一覧表→p169～174）。

特に身に付けたい能力　柔軟性　身体バランス力　協応性　集中力　状況判断力　協調性

低学年の体つくり運動

　平成23年度から低学年で実施されている「体つくり運動」は、令和2年度から「体つくりの運動遊び」となりました。下の表のように、体つくりの運動遊びは、2つのねらいがある「体ほぐしの運動遊び」と、（ア）～（エ）の運動遊びをさまざまな動きを養うために意図的に行う、「多様な動きをつくる運動遊び」に分かれます。後者は、基本的な体の動きを総合的に身に付けることがねらいです。

低学年の体つくり運動	体ほぐしの運動遊び	多様な動きをつくる運動遊び
	「心と体の変化に気付く」	（ア）体のバランスをとる運動遊び
		（イ）体を移動する運動遊び
	「みんなで関わり合う」	（ウ）用具を操作する運動遊び
		（エ）力試しの運動遊び

「体ほぐしの運動遊び」とトレ・ゲーム導入例

運動の2つのねらいと、それらのねらいにそったトレ・ゲームを紹介します。

「心と体の変化に気付く」とは、体を動かすと気持ちがよいことや、汗が出たり心臓の鼓動が激しくなったりといったことに気づくことです。
→ 走れ！ 疾風のごとく　時間1分　P66

「みんなで関わり合う」とは、人それぞれの違いを知りながら、誰とでも仲よく協力したり助け合ったりして、体を動かす楽しさが増すことなどを体験することです。
→ ジャンプでキャッチ　時間1分　P62

18

「多様な動きをつくる運動遊び」とトレ・ゲーム導入例

多様な動きをつくる運動遊びは4つの運動領域で構成されています。それらのねらいにそったトレ・ゲームを紹介します。

(ア) 体のバランスをとる運動遊び

回る・寝転ぶ・起きる・座る・立つなどの体勢や体の方向を変えたり、バランスを維持したりする動きをして、さまざまな体勢、アンバランスな感覚を経験させる運動遊びをしましょう。

(イ) 体を移動する運動遊び

早さ・リズム・体の向きなどを変えて、歩く・走る・跳ぶ・はう・はねるなどの動きや、一定の早さでのかけ足を通して、さまざまな運動の基礎になる動き方を身に付ける運動遊びをしましょう。

(ウ) 用具を操作する運動遊び

用具をつかむ・持つ・降ろす・回す・転がす・くぐる・運ぶ・投げる・捕る・跳ぶ・乗るなどの動きを通して、用具を扱う技術を身に付ける運動遊びをしましょう。

(エ) 力試しの運動遊び

人を押す・引く・運ぶ・支える・人と力比べをするなどの動きを通して、せいいっぱいの力でさまざまな運動を繰り返し取り組み、その結果として体力向上を図る運動遊びをしましょう。

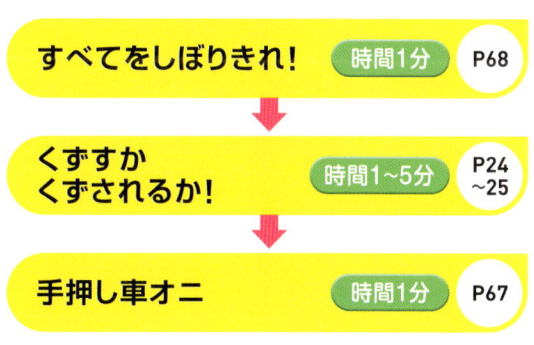

低学年
屋外 屋内

バランス&クイック
バランスを取りながら平均台を移動

平均台に並び、台上で順番を入れ替えるゲームです。
楽しみながら、身体バランス力と協調性を身に付けることができます。

使用する道具 平均台・セーフティマット2枚　**人数** 1人以上　**時間** 5分
身に付く能力 身体バランス力　タイミング力　集中力　協調性

4人で行う場合

1 平均台に身長順で並ぶ

平均台（比較的幅の狭い台）の周りにマットをしきます。4人で背が低い人から順に平均台の上に並びます。

2 平均台の上で並び替え

先生の合図で、並び方を背の高い人の順になるように平均台の上で移動します。平均台から落ちたら、落ちる前の地点に戻ります。スタートから並び終えるまでの時間を競います。

ここをチェック！
- 落ちる子を支える補助者がつくなど、安全に十分配慮して行う。
- お互いに声をかけ合って行うようにする。

こんな声がけ
「○○くんは端にずれて通る道をつくろう」など、苦手な子どもには平均台を移動する手段を細かく指導する。

2人で行う場合

2人で平均台の端からお互いに向かい合うようにして進みます。途中、協力してすり抜けます。

ココがUP!

平均台の上を動くことで、体重移動を駆使した身体バランス力や集中力が身に付き、体の動かし方を理解するようになる。また、協力して行うことから、協調性が向上する。

協調性 **身体バランス力** **集中力**

1人で行う場合

平均台の上にペットボトルやゴムひもなどの障害物を置いて、それを乗り越えたり、くぐったりします。

低学年

屋外 屋内

かけ声とボールに反応しよう
スーパーキャッチ

投げる

オニが番号を言いながらボールを投げて、言われた番号の人は瞬時に反応してキャッチします。バレーボールの練習に効果的です。

使用する道具 ボール　**人数** 5〜6人　**時間** 5分

身に付く能力 タイミング力　敏捷性　状況判断力

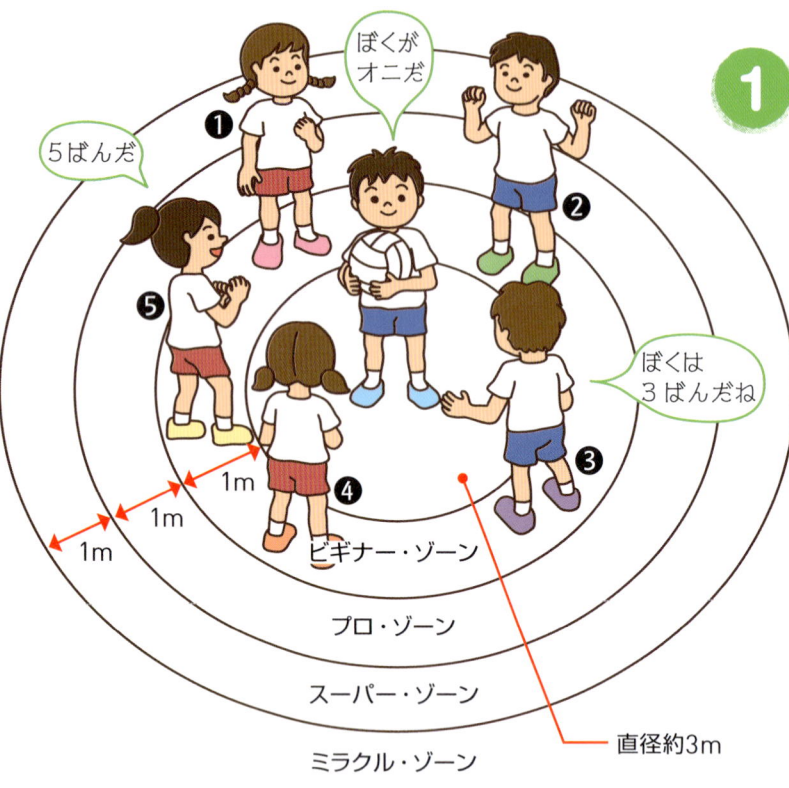

1　5〜6人組でオニを中心に円を組む

直径約3mの円をかき、半径が1mずつ大きくなるようにビギナー・ゾーン、プロ・ゾーン、スーパー・ゾーンをつくります。それより外側をミラクル・ゾーンとします。5〜6人組で、ジャンケンして1人オニを決め、その他の人は1から番号を振ります。オニがボールを持って中心に立ち、他はビギナー・ゾーンに並びます。

2　オニが番号を言いながらボールを投げる

先生の合図で、オニはボールを上に1m以上投げながら好きな番号を言います。

こんな声がけ
リズミカルにできるように、オニが投げるタイミングに合わせて「トン、トン、2番」など、声がけをして行わせる。

22

③ 番号を言われた子どもがボールをキャッチする

番号を言われた子どもは、ボールが落ちる前にボールをキャッチします。

ココがUP!

ゲーム内での自分の役割を理解し、瞬発的に反応することができるようになる。タイミング力、敏捷性が身に付く。

タイミング力
敏捷性

ここをチェック！

- ☑ リズミカルにできるように、みんなで手をたたきながら行ってもよい。
- ☑ 上手くキャッチできた子どもをほめる。

④ ボールをキャッチした子どもがオニになる

ボールをキャッチした子どもがオニになり、同じようにゲームを続けます。一度キャッチした子どもがゾーンに戻る場合は、1つ外側のゾーンに行き、ボールをキャッチできなかった場合は、1つ内側のゾーンに行きます。

アレンジしてみよう

- ➡ 得意な子どもが集まっているグループは番号を言うタイミングを遅らせてもよい。
- ➡ うまくできない子どもはワンバウンドで可とする。

低学年
屋外 屋内 その他

バランスとタイミングの勝負
くずすか くずされるか！

2人で向かい合って立ち、手に持ったロープを引き合って相手のバランスをくずします。どのように引くのかを考えさせて、心理戦を楽しむようにしましょう。

使用する道具 50cmのロープ（またはタオル）2本　人数 2人以上　時間 1〜5分

身に付く能力 筋力　身体バランス力　タイミング力　集中力　状況判断力

1 2人でロープをたゆまないように持つ

2人で向かい合い、50cmの2本のロープ（タオルでも可）の端をロープがたゆまないようにして持って立ちます。

2 足が動いたら負け

先生の合図で始めます。相手が勢いよく引くときには力をゆるめるなど、タイミングや状況を見極めて相手のバランスをくずします。足が動いた人が負けです。

ココがUP!

バランスをくずさないようにぐっとこらえることで、身体バランス力や足腰の筋力が身に付く。足をくじいて転倒するなどの予防になる。

身体バランス力　筋力

4人（またはそれ以上）で行う場合

4人が四角形になるように立ちます。それぞれ両手にロープをたゆまないように持って、先生の合図で引き合います。足が動いた人から抜けて、最後まで残った人が勝ちです。

ここをチェック！
- ☑ 強く引き、急に力をゆるめるなど、作戦を立てるように促す。
- ☑ 能力差があらわれやすいので組み合わせに気をつける。

2対2のチーム戦の場合

2対2のチームに分かれます。チームで向かい合うようにして立ち、両手のロープを別々の人と持つようにします。先生の合図で引き合います。1人でも動いてしまったチームが負けです。

こんな声がけ
「いいタイミングで引っ張っているね」など、工夫している子どもに積極的にほめる言葉をかける。

アレンジしてみよう
→ ロープの長さを変えるなど工夫する。長いと力が伝わりづらくなるので、より力を必要とする。

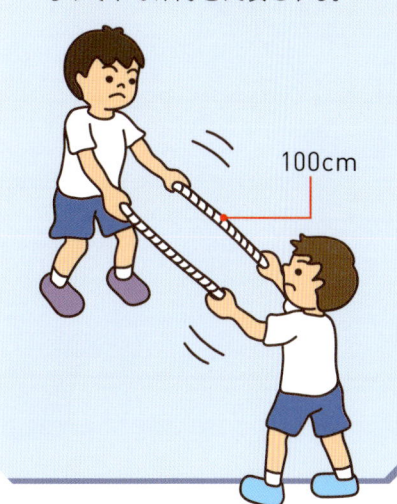

100cm

その他・くずすかくずされるか！

ピックアップゲーム

低学年 屋外 屋内

投げられたトランプをいそいで拾おう

先攻チームが投げたトランプを後攻チームが素早く拾います。
トランプの投げ方や拾い方を戦略を立てて楽しみます。

走る

| 使用する道具 | トランプ | 人数 | 8人 | 時間 | 10分 |

身に付く能力　筋力　敏捷性　集中力　協調性

1 先攻・後攻を決める

4人組で、2チームつくります。ジャンケンをして先攻・後攻を決め、先攻はトランプを4人で分けます。後攻は先攻の後ろに2m離れて並びます。

ここをチェック！
- チーム内で投げ方や拾い方など、戦略を考えさせて、コミュニケーションをとるように促す。

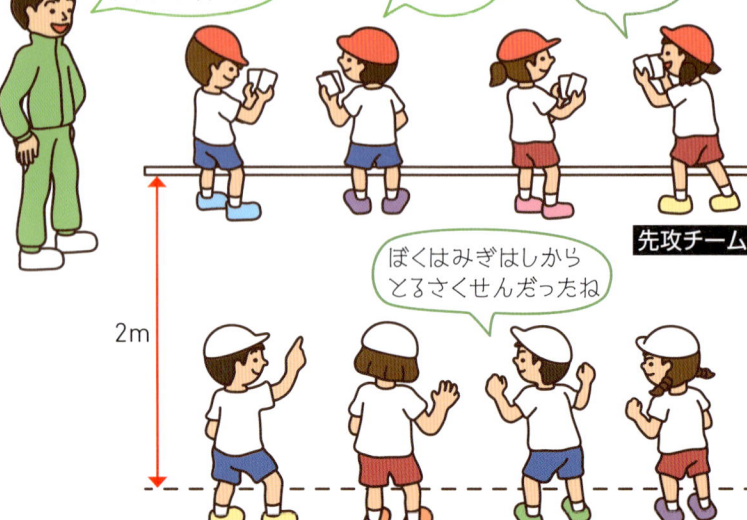

2 先攻はトランプを投げ、後攻は拾う

先生の合図で、先攻はラインから出ないようにしてトランプを投げ、後攻はそのトランプを拾います。

ココがUP！

トランプを拾うとき、しゃがんだり立ったりを繰り返すので下半身の筋力が身に付く。また、チームで早さを競うことにより、協調性や敏捷性が向上する。

筋力　敏捷性

③ 全部拾ったらラインまでダッシュ！

後攻はトランプを全て拾ったら、先攻がトランプを投げたラインまで走ります。開始の合図からチーム全員がラインに戻るまでの時間を計ります。先攻・後攻交代して行い、戻る時間が早いチームの勝ちとなります。

走る・ピックアップゲーム

こんな声がけ

「チームの動きを考えて、端からトランプを拾ったんだね」など、工夫している子どもに積極的にほめる声がけをする。

アレンジしてみよう

- 制限時間内に何枚拾うことができるかを競うのもよい。
- 5回戦行って3勝した方が勝ちとするなどして、数回同じチームと戦い、戦略をその都度考えるようにする。
- 能力に応じてトランプの枚数を変える。

低学年 屋外 屋内

ジャンケンに運動をプラス
走って足踏みしてジャンケンポン

ジャンケンの勝ち負けに応じて足踏みしたり、走ったりする遊びです。ペアで手軽にでき、運動のウォーミングアップに適した遊びです。

 走る

使用する道具 なし｜人数 2人｜時間 3分
身に付く能力 持久力 敏捷性 集中力

1 まずはジャンケン

2人でジャンケンをして、勝ち負けを決めます。

「ジャンケンポン」「かった！」

「1回負けは1周だよ」

2 負けたら素早く1周

勝ったらその場で足踏みをして、負けたら相手の周りを素早く1周します。勝った人は相手に応援をするようにしましょう。

「がんばれ」「うん」

ココがUP!

勝っても負けても足を素早く動かすため、全体を通して息が上がるほどの運動量になる。敏捷性が身に付き、心肺機能や持久力が向上する。

持久力　敏捷性

ここをチェック！

☑ その場での足踏みは、足をしっかり上げるなどで運動量を確保する。
☑ 軽快な音楽を流しながら行う。

③ 2回連続で負けたら片足跳びで1周

ジャンケンをして2回連続で負けたら、相手の周りを片足跳びで1周します。

④ 3回連続で負けたら後ろ向きで1周

ジャンケンをして3回連続で負けたら、相手の周りを後ろ向きで1周します。

⑤ 3回連続で勝って1点！

3回連続でジャンケンに勝ったら、その人の1点になります。同じ相手に2点になるまで行います。

こんな声がけ

「勝った人はしっかり応援をするように」など、声を出しながら運動をさせて、コミュニケーションをとるように促す。

アレンジしてみよう

→ 2人組でジャンケンをし、勝った人は「あの木にタッチしてきて」など、離れた場所まで走る指示をしてもよい。ただし、あまり遠くに行かないように注意する。

低学年

屋外 屋内

走る

2人で逃げて、追って、チームワークを高めよう
ふたりでタッチ！

オニのペアと逃げ手のペア、それぞれが手をつないで、オニごっこをします。ペアで能力を合わせて運動することにより、チームワークが身に付きます。

| 使用する道具 | なし | 人数 | 大勢(13人以上) | 時間 | 5分 |

身に付く能力 敏捷性 状況判断力 協調性

1 オニと逃げ手を決める

2人のオニと2人の逃げ手を決めます。オニのペアと逃げ手のペアは、それぞれ手をつなぎます。それ以外の人は3人組をつくり、各組の間隔を適当に空けて腰を下ろします。

2 オニが交代するとき

先生の合図で、オニは逃げ手を追いかけます。オニが逃げ手をタッチできればその逃げ手と交代です。また、逃げる途中で手が離れてもオニと交代です。

③ 逃げ手が交代するとき

逃げ手は座っている3人組のいずれかの横にペアで座ることができれば、逆側の2人がペアになって新しい逃げ手になります。逃げ手が交代してから30秒間は、次の組に交代することができません。

④ 時間で終了する

制限時間を5分として、合図を出して終わります。逃げ手が3回交代してもオニが同じペアだった場合は、そのときの逃げ手に交代します。

ココがUP!

ペアがお互いの運動能力を意識して走ることにより、協調性が向上する。また、逃げ手はオニの位置を把握して行動するため、状況判断力が身に付く。

協調性 **状況判断力**

ここをチェック!

☑ 座っている人は応援するように促す。
☑ 運動が得意な子どもが苦手な子どもを強引に引っ張らないように気を付ける。

アレンジしてみよう

→ 練習として、オニと逃げ手を1人ずつ、座っている人を2人組にして行うのもよい。

低学年 屋外 屋内

走る

ボールの宅配便
ボールを持って走ってパスして、ゴールを目指そう

4人で向かい合い、正面の人に走ってボールを渡していくことを繰り返して、だんだんと列を移動させながらゴールを目指していきます。瞬発力と敏捷性の向上に最適です。

使用する道具 ボール2個　**人数** 大勢（16人以上）　**時間** 5分

身に付く能力 身体バランス力　敏捷性　協応性　協調性

1 チームを組む

8人組を2チームつくり、各チーム4人ずつ10〜15m離れて向かい合って立ち、横の人どうしで手をつなぎます。各チームの端の人はスタートラインぎりぎりの位置に立ちます。

ここをチェック！

☑ ボールを両手で持つような大きなものにすると、運びにくい分、身体バランス力が身に付く。反対に、片手で持てる小さなボールにすると、運びやすくなり、敏捷性アップにつながる。身に付けたい能力に応じて工夫する。

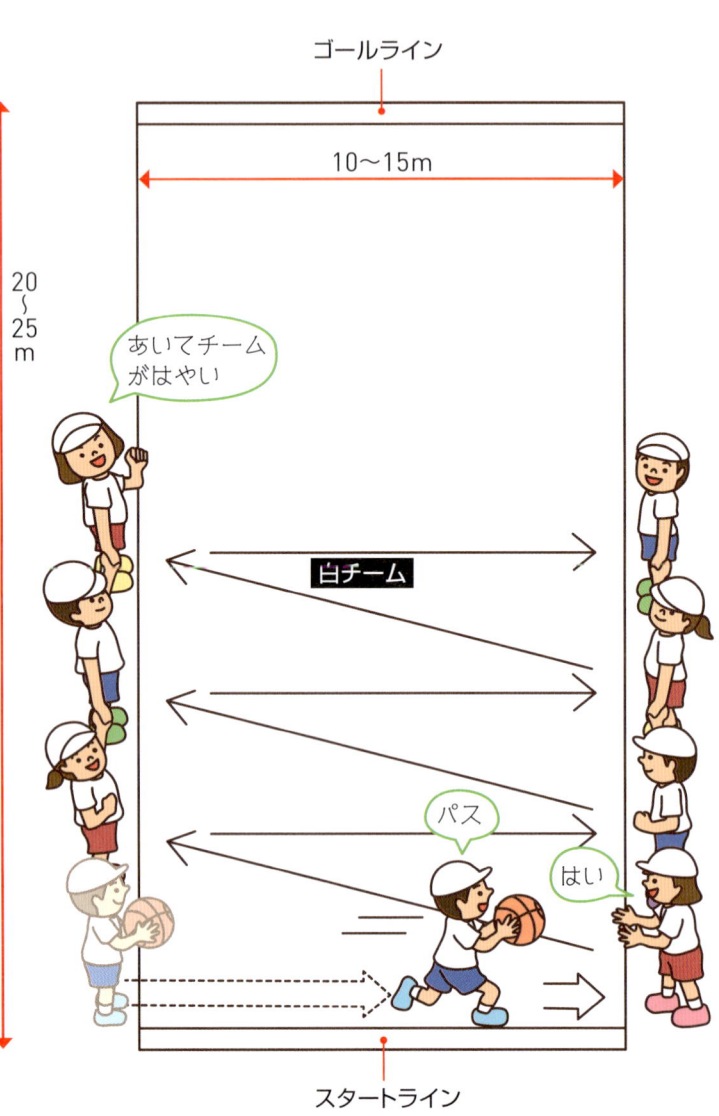

2 正面のチームメイトにボールを運ぶ

先生の合図で、ボールを持った最初の走者が、正面のチームメイトのところまで走ります。ボールを渡したら、その列の先頭につきます。ボールをもらった人は、さらにななめ前のチームメイトのところまで走ってボールを渡し、列の先頭につきます。これを繰り返します。

ココがUP!

ボールを持って短い距離を早く走ることにより、敏捷性が向上し、手と足で違う動きをすることで、協応性が身に付く。

3 ゴールラインを早く越えたチームが勝ち

ゴールラインぎりぎりに立った人にボールが渡って、ボールを持って早くゴールしたチームが勝ちです。3回戦行いましょう。

アレンジしてみよう

- 2回戦目は移動を片足跳び、3回戦目は両足跳びにするなどの工夫をする。

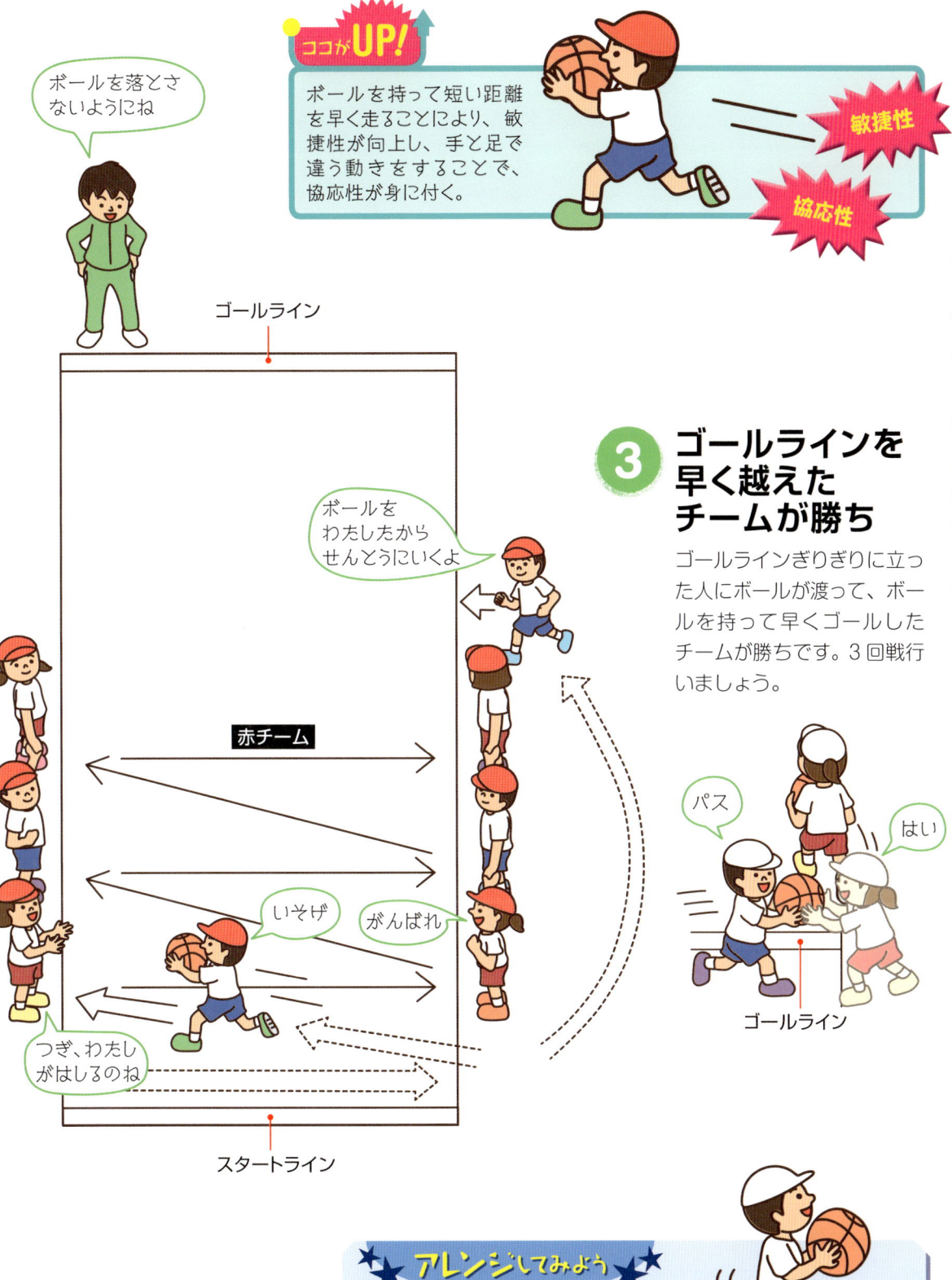

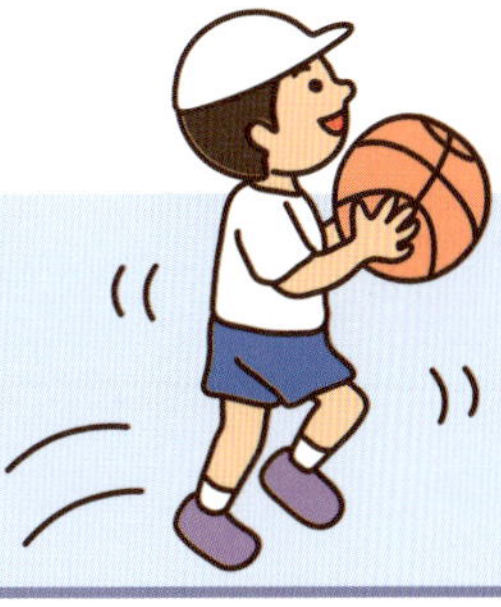

低学年 屋外 屋内

タオルでボールを受けてパス
タオルでキャッチ&スロー

2人で持ったタオルでボールを受け、次の人へとパスを回します。ペアで力やタイミングを合わせる協調性が育まれます。

投げる

| 使用する道具 | タオル8枚・ボール(ドッジボールなど)10個 | 人数 | 18人 | 時間 | 5分 |

身に付く能力　タイミング力　巧緻性　協調性

基礎遊び

2人でタオルの両端を持ち、その上に置いたボールをタオルで反動をつけたり張ったりして打ち上げます。何度もキャッチしたり、より高く上げたり、別のペアとスロー&キャッチをしたりと、練習してみましょう。

1 チームをつくり、位置につく

9人組の2チームに分かれます。チームの中でさらにペアを4組つくり、2mほど間隔を空けて立ち、各ペアでタオルの両端を持ちます。その先に残りの1人が最後のキャッチ役として立ちます。スタートのペアのタオルの上にボールを置いて合図を待ちます。

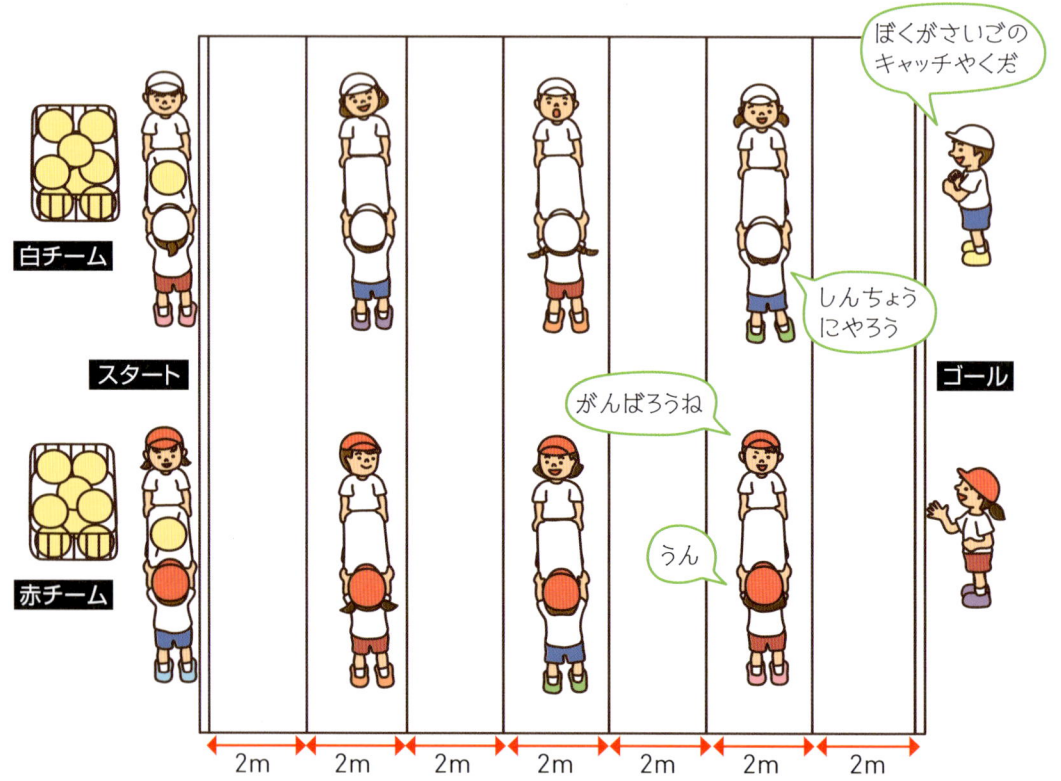

2 タオルでボールを打ち上げ、パスを回す

先生の合図でスタート。タオルを使って、ボールを打ち上げ、次のペアへ送ります。次のペアはボールをワンバウンド以内にキャッチします。キャッチできなかった場合は、前のペアにボールを戻してやり直しです。最後のキャッチ役までボールが回ったら、最初のペアは次のボールを投げ送ります。3分の制限時間内により多くのボールを運べたチームが勝ちです。

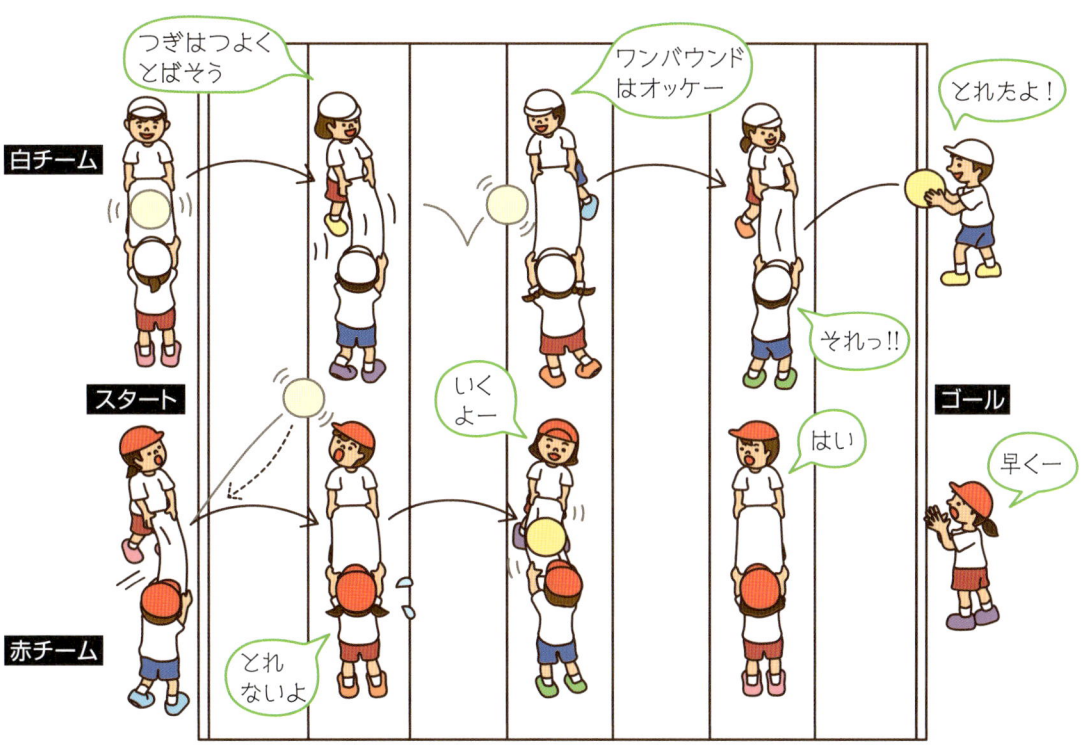

こんな声がけ

「ペアで声をかけ合って、息を合わせよう」など、コミュニケーションをとりつつ、上手く進められるよう促す。

- 白チーム / スタート / 赤チーム / ゴール
- つぎはつよくとばそう
- ワンバウンドはオッケー
- とれたよ！
- いくよー
- それっ!!
- はい
- 早くー
- とれないよ

ココがUP!

息を合わせ、タイミングを見計らってボールを送ることで、タイミング力や協調性、リズム感覚が向上する。パスするとき、タオルの動きやかかる力を調節することから、用具の特性に順応する巧緻性も身に付く。

- 巧緻性
- 協調性
- タイミング力

アレンジしてみよう

→ ペアの間隔をさらに空けて難易度を上げる。

投げる・タオルでキャッチ&スロー

低学年 屋外 屋内 その他

守備をくぐり抜け、腰にかけたタオルを運べ!

宝の運び屋

攻守ともに手と足をついて、攻撃側は腰にかけたタオルを目的地まで運び、守備側はそれを阻止します。タオルを取られないようにどう動くか、状況判断が重要です。

使用する道具 タオル（紙テープも可）人数×2本　**人数** 14人　**時間** 12分
身に付く能力 柔軟性　身体バランス力　協応性　状況判断力　協調性

1 攻撃側、守備側それぞれ位置につく

7人組を2チームつくり、攻撃か守備かを決めます。攻撃側は腰に2本のタオルを腰にかけてスタートラインに並び、2m間隔を空けて守備の4人が前面の守備ゾーン（長さ2m）に、そこからさらに2m空けて3人が後面の守備ゾーンに、攻撃側と向かい合って並びます。後面の守備ゾーンの後ろに、攻撃側の目的地となる宝箱ゾーンを設けます。

ここをチェック!

攻撃側は、体育着のパンツに2本のタオルを挟み込み、腰の両側に垂らす。移動中にひざにタオルを巻き込まない程度の長さとする。タオルの代わりに紙テープを使うのもよい。

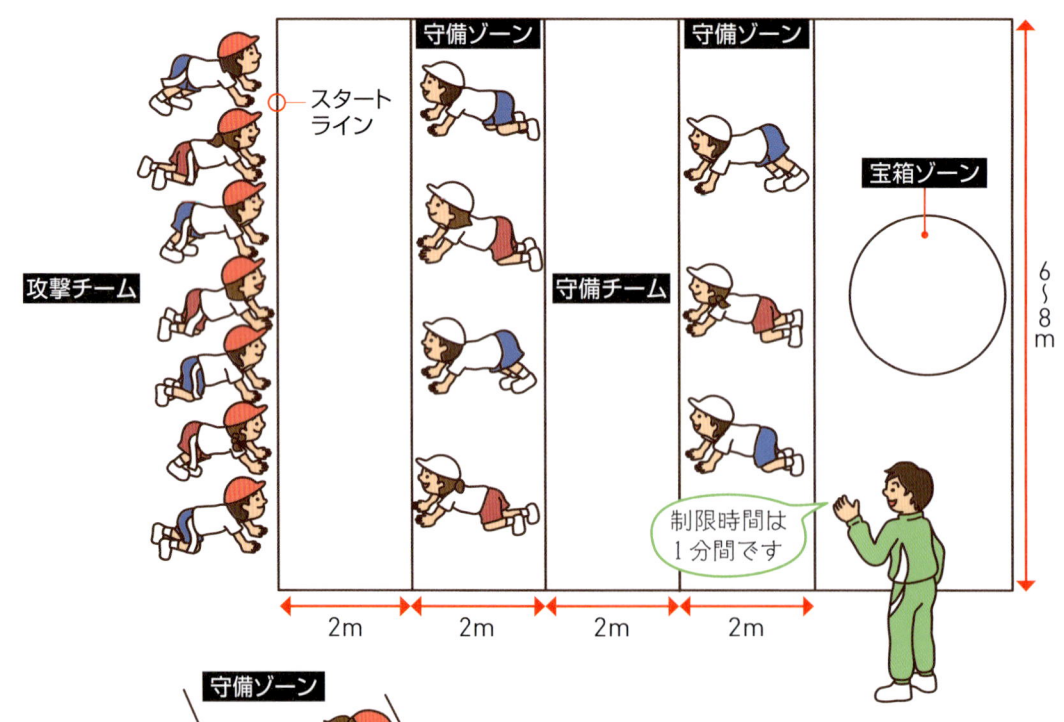

スタートライン　守備ゾーン　守備ゾーン　宝箱ゾーン
攻撃チーム　守備チーム
6〜8m
制限時間は1分間です
2m　2m　2m　2m

守備ゾーン

2 手と足をついて移動

攻守ともに手と足をついて、先生の合図でスタート。移動はみんな手と足をついていなければなりません。攻撃側は宝箱ゾーンを目指し、守備側は向かってくる攻撃側の腰にかけたタオルを取ります。ただし、守備側は持ち場の守備ゾーン内しか移動できません。

③ 宝箱ゾーンに運んだタオルの数を競う

攻撃側がタオルを残して宝箱ゾーンまで到達すれば、タオルの数が得点となります。宝箱ゾーンに到達したり、タオルを2本とも取られたりしたら、タオルを2本つけてスタートラインから再スタート。制限時間を2分間で行います。攻守交代して3セット行って、チームの合計得点を競います。

守備ゾーン　守備ゾーン

たからばこゾーンについたぞ

2本ともとられた

宝箱ゾーン

攻撃チーム1点！

いまのうちだ

2本つけてさいスタートだ

ココがUP!

体勢が低く、視界が低く狭くなるなかでも全体を見て動くため、状況判断力が攻守ともに身に付く。両手両足を連携させて素早く動かすため、身体バランス力、協応性も身に付く。

協応性　身体バランス力　状況判断力

こんな声がけ

「右の方の守備が手薄だよ！」といったヒントや、「1本も取られなかったから2点ゲット！」などの状況を分かりやすく伝える。

アレンジしてみよう

⮕ 守備側の前面・後面の人数構成を変えてもよい。チームで作戦を立たせると、コミュニケーションにもつながる。

その他・宝の運び屋

低学年

屋外 屋内

跳ぶ

張られたひもを越えていくミニ障害物走

くぐって 越えて

ランダムな高さで張られたひもにふれないようにゴールを目指します。高さに応じてくぐるか、越えるか、戦略が重要です。

| 使用する道具 | ひも（ゴム製）10本 | 人数 | 20人 | 時間 | 5分 |

身に付く能力　柔軟性　身体バランス力　状況判断力　協調性

1 ひもを張ったフィールドをつくる

10人組を2チームつくり、先攻・後攻を決めます。後攻側は、5人ずつで向かい合って両手にひもを持ち、左右で異なる高さで張った状態にします。ひもの高さは制限時間内では変えることができません。先攻側はスタートラインから1列に並びます。

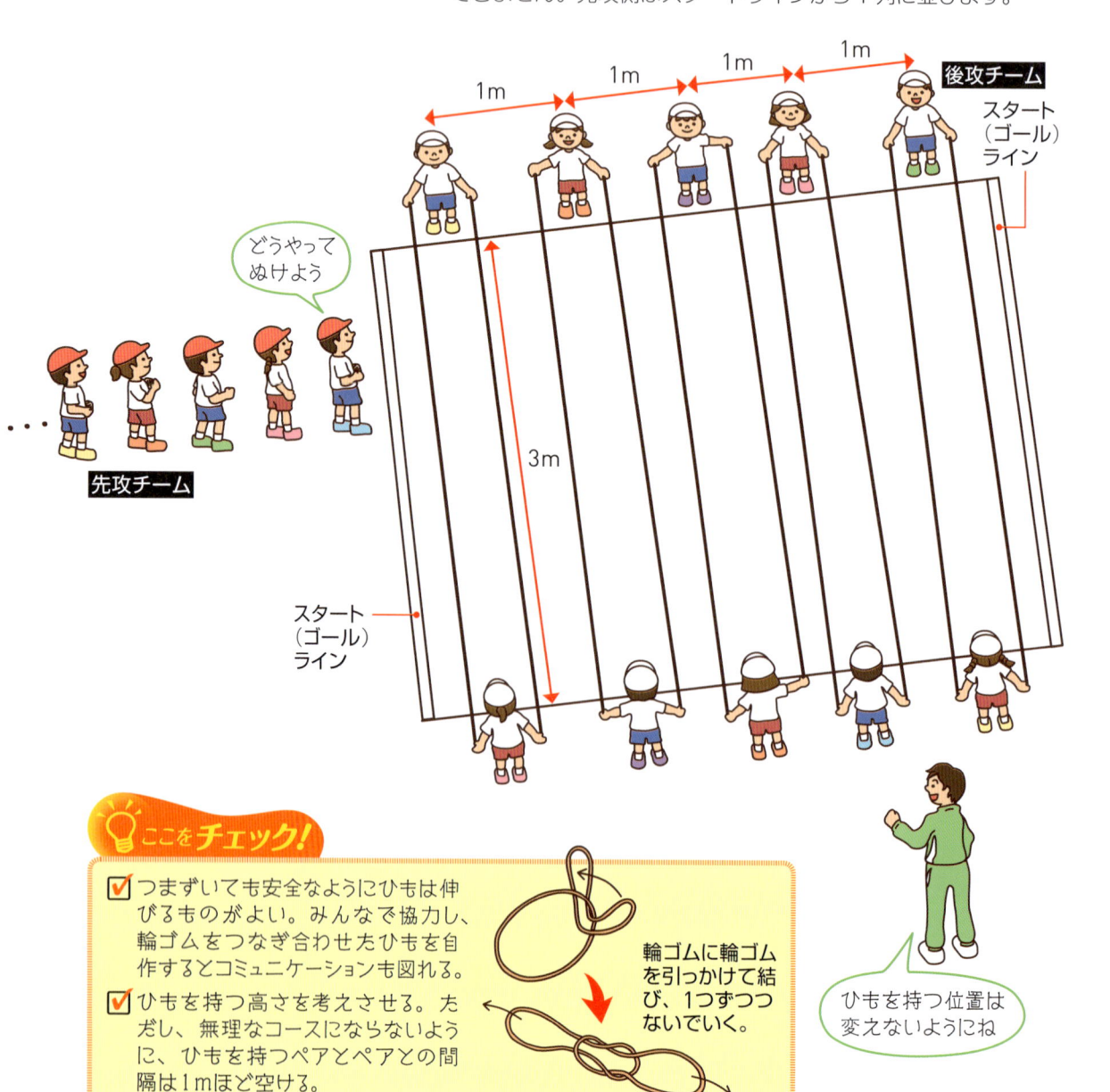

1m　1m　1m　1m

後攻チーム
スタート（ゴール）ライン

どうやってぬけよう

先攻チーム

3m

スタート（ゴール）ライン

ひもを持つ位置は変えないようにね

ここをチェック！

- ☑ つまずいても安全なようにひもは伸びるものがよい。みんなで協力し、輪ゴムをつなぎ合わせたひもを自作するとコミュニケーションも図れる。
- ☑ ひもを持つ高さを考えさせる。ただし、無理なコースにならないように、ひもを持つペアとペアとの間隔は1mほど空ける。

輪ゴムに輪ゴムを引っかけて結び、1つずつつないでいく。

2 進み方を工夫して、スタート～ゴールを往復

先生の合図で先攻側が順番にスタート。張られたひもにふれないようにくぐったり、越えたりして、最後のひもを抜けたら折り返します。途中でひもにふれたら、片道の最初に戻ってやり直しです。

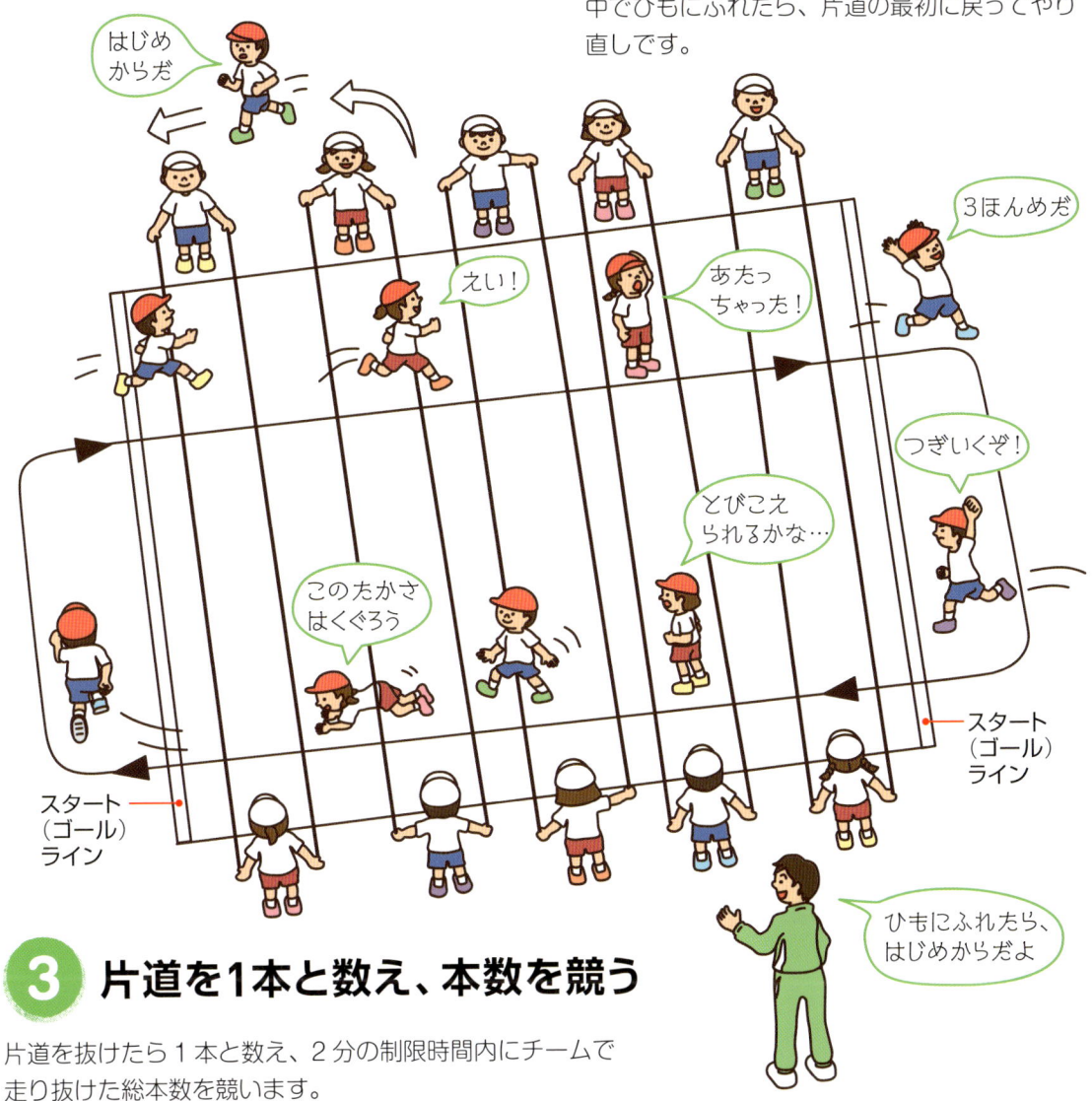

3 片道を1本と数え、本数を競う

片道を抜けたら1本と数え、2分の制限時間内にチームで走り抜けた総本数を競います。

ココがUP！

ひもの高さに応じて、前屈姿勢をとったり、大股になったりと身振りを変えるため、身体バランス力や柔軟性、状況判断力が向上する。ひもの配置や、進み方をチームで相談することにより、協調性が身に付く。

柔軟性　身体バランス力

アレンジしてみよう

→ 走者は2人で手をつなぐなど、協力するように行うとより楽しくなる。

低学年 屋外 屋内 跳ぶ

円から円へ跳び、オニから逃げろ！

ジャンプでオニごっこ

2人のオニも逃げる人も、円から円へジャンプして移動するオニごっこです。どの方向へどうジャンプするか、状況判断力が重要なゲームです。

使用する道具 なし　**人数** 大勢(7人以上)　**時間** 1分

身に付く能力 筋力　身体バランス力　状況判断力

1 大小の円をかく

直径30cmほどの小さい円、70cm〜1mほどの大きい円を、飛び移れるくらいの間隔でランダムに地面にかきます。オニを2人決め、オニ以外が1人ずつどこかの円に入ります。オニは円の近くでスタンバイします。

ここをチェック！❶

☑ 円はロープやフラフープを配置したり、屋外であれば地面に足でかいたりしてもよい。

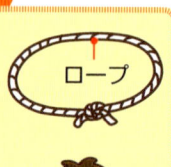

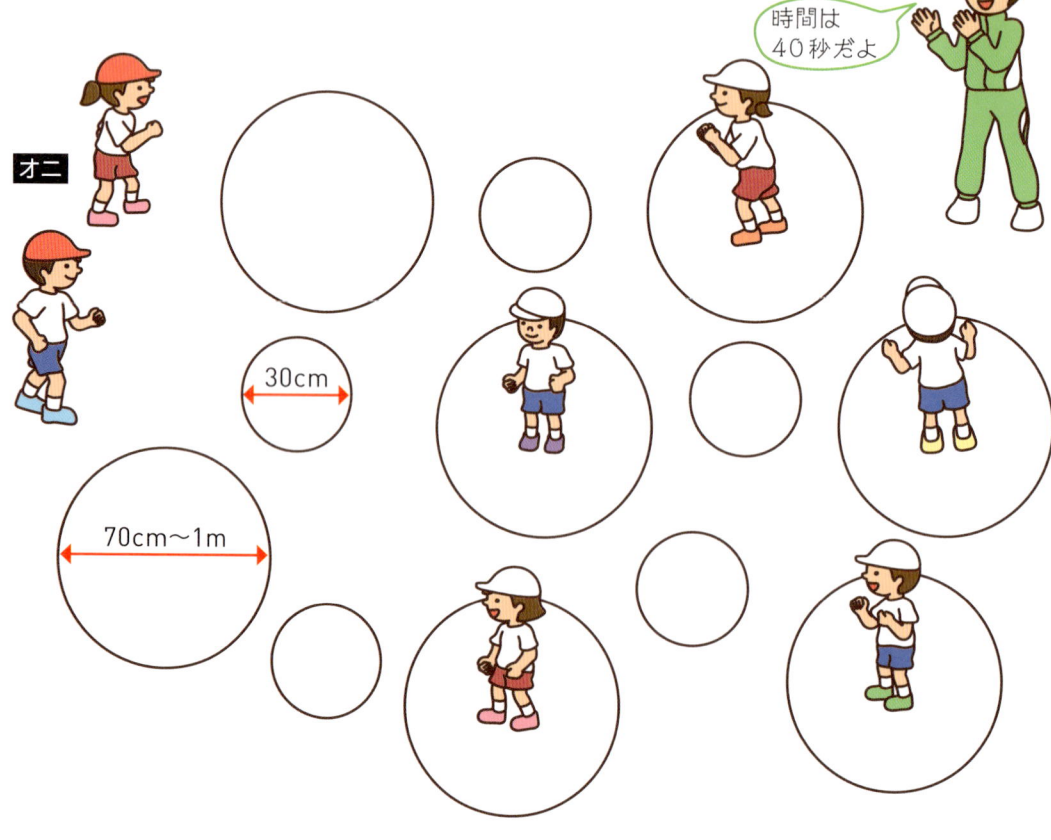

ロープ

時間は40秒だよ

オニ

30cm

70cm〜1m

2 大は両足跳び、小は片足跳びで

先生の合図でスタート。大きな円には両足で、小さな円には片足で跳び移ります。

③ オニと同じ円に入ったらアウト

逃げる人は、オニと同じ円に入ってしまったらアウト。円の外に出ます。制限時間40秒で終了し、オニを交代して再び行います。より多くの人をアウトにしたオニが勝ちです。

こんな声がけ
「向こう側が空いているよ！」「オニをよく見て！」など、状況判断を促す声がけをする。

あと10秒

にげてー
つかまえた
しまった！
まてー

ここをチェック！
- ☑ 円の跳び方を間違えないよう、事前にオニなしで練習するとよい。
- ☑ オニと同円にいたが気づかず進む場合があるので、先生がよく見るようにする。

アレンジしてみよう
→ オニと同円になった人が外に出るのではなく、その人とオニを交代するようにして、5分程度連続して行ってもよい。

ココがUP！
ジャンプで移動するので下半身の筋力が付く他、周りの動きを見て行動することで状況判断力が向上する。

筋力
状況判断力

跳ぶ・ジャンプでオニごっこ

低学年

屋外　屋内

跳ぶ

"ウマ"をくぐって、跳んで、ボールを勝ち取れ！
野を越え　山を越え

うつぶせや四つんばいになったウマ（ハードル）を走者が跳んだりくぐったりして越えていきます。さまざまな身体の動きを伴う遊びです。

使用する道具　ボール20個ほど・バケツ3個　人数　大勢（16人以上）　時間　4分

身に付く能力　筋力　柔軟性　身体バランス力　敏捷性

1　4人はウマ、4人は走者

8人組を2チームつくります。各チーム4人は、中央にスペースを確保して一直線上に並び、1番目と3番目は四つんばいに、2番目と4番目はうつぶせになってウマの姿勢をつくります。走者の4人はその両端に順番に並びます。ボールが入ったバケツを中央のスペースの付近に設置します。

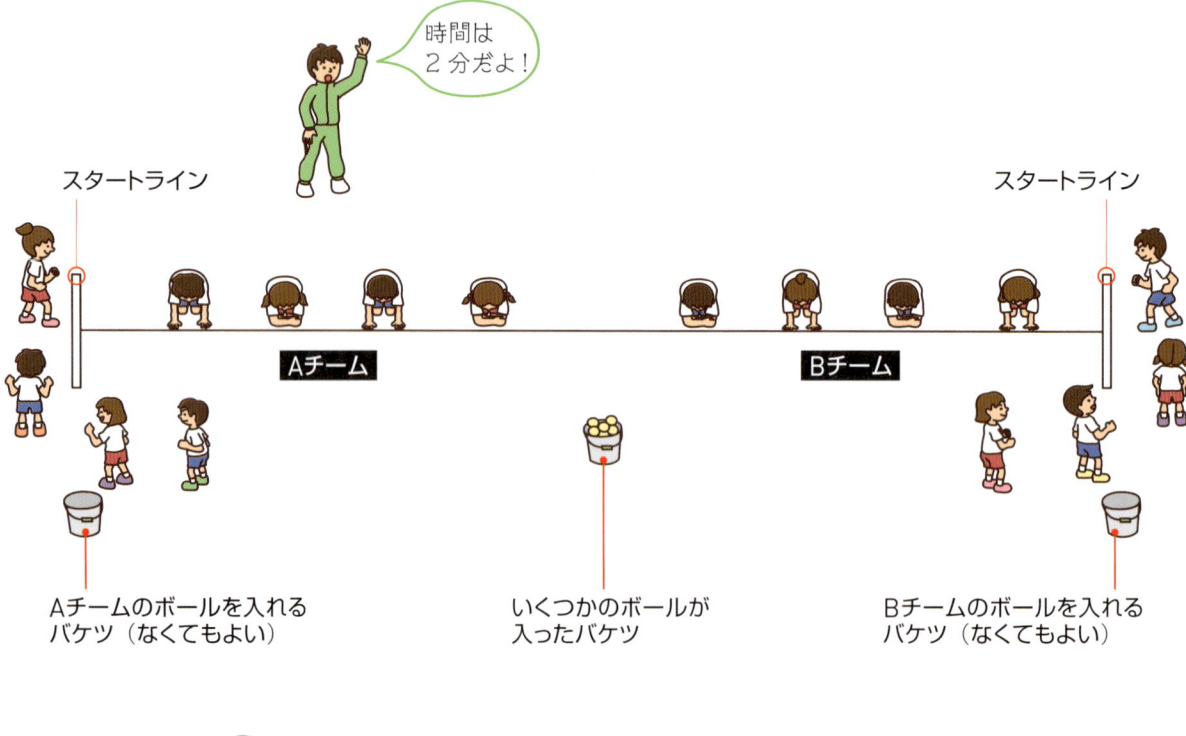

時間は2分だよ！

スタートライン　　　　　　　　　　　　　　　　　　　　　　スタートライン

Aチーム　　　　　　　　Bチーム

Aチームのボールを入れるバケツ（なくてもよい）

いくつかのボールが入ったバケツ

Bチームのボールを入れるバケツ（なくてもよい）

2　ウマを跳んで、くぐって進む

先生の合図で両チームとも先頭の走者からスタート。順番に中心を目指します。跳んだり、くぐったりして進みます。

③ 獲得したボールの数を競う

中央に相手がいなかったらバケツのボールを取り、相手がいたらジャンケンをし、勝った人はバケツからボールを自陣に持ち帰り、また最初からスタートします。2分の制限時間に達したら、ウマ役と走者を交代して再びゲームを行います。ボールを多く持ち帰ったチームが勝ちです。

くぐる　跳ぶ　くぐる　跳ぶ　ジャンケンポン！　跳ぶ　くぐる　跳ぶ　くぐる

Aチーム　まけた　ボール1こゲット！　Bチーム　えい！

跳ぶ・野を越え 山を越え

ここをチェック！
- ☑ ウマ役は安全のために姿勢を変えないようにする。
- ☑ くぐったり跳んだりしやすいように、ウマ役の姿勢をチェックする。
- ☑ ウマを跳べない人は、その横を走り抜けるようにしてもよい。

ココがUP！
柔軟性　敏捷性　筋力

走者はくぐる、跳ぶの動作で、ウマ役はかがむ姿勢を維持することで柔軟性や筋力が身に付く。制限時間を意識して素早く動くことから敏捷性も向上する。

アレンジしてみよう
→ 全員がウマの横をジグザグに走り抜けるようにしても楽しい。くぐるところ、跳ぶところ、横を走り抜けるところをあらかじめ決めて、3つの動作を盛り込むようにしてもよい。

低学年

屋外　屋内

走る

蹴り倒されたペットボトルをどれだけ立て直せるか

ペットボトルキッカー

一方はペットボトルを次々に蹴り倒し、一方はそれを立て直していきます。両者ともフィールド内を走り回り、敏捷性が向上します。

| 使用する道具 | ペットボトル15本ほど | 人数 | 10人 | 時間 | 2〜5分 |

身に付く能力　筋力　持久力　敏捷性　状況判断力　協調性

1 水を入れたペットボトルを立てて準備

10m四方くらいの中に、水を入れたペットボトルをランダムに立てていきます。5人組を2チームつくり、先攻・後攻を決めます。先攻からはペットボトルを「倒す役」2人、後攻からは「立てる役」3人がフィールド内に入ります。

ここをチェック！

☑ ペットボトルに入れる水は半分以下がよい。あまり重くすると、蹴ったときにケガをさせる恐れがある。また、あくまで転がす程度で蹴るようにする。

「えい！」
「たてなおすよ」
「どんどんたおして」

10m × 10m

44

② 次々にペットボトルを蹴り倒す！

先生の合図で、倒す役は次々にペットボトルを蹴り倒し、立てる役はそれらを立て直していきます。倒す役はつま先や足の裏を利用してペットボトルを倒す方向や強さを調整して蹴ります。または、手で倒すようにしてもよいでしょう。立て直したものを再度蹴ってもOKです。

こんな声がけ

「あと40秒！」など、残り時間を細かく伝える。「応援しよう！」と声がけしてコミュニケーションを図る。

いそげ
つまさきでキック
がんばれ
たてなおして

③ 倒れている本数が得点

制限時間の1分に達したら再び合図して終了です。その時点で倒れているペットボトルの本数が得点です。先攻・後攻を交代し、得点の多いチームが勝ちです。

ココがUP!

倒す役も立てる役も小まめに動き回るため、持久力や敏捷性が向上する。相手チームの動きを見て行動することで状況判断力が身に付く。

持久力
敏捷性
状況判断力

走る・ペットボトルキッカー

アレンジしてみよう

➡ フィールドの広さ、ペットボトルの数、チームの人数などを変える。より大人数で大規模にやると盛り上がる。

➡ 移動はスキップで行い、リズム感覚を身に付けるのもよい。

| 低学年 | 屋外 屋内 |

ボールを蹴って、走って、整列!

キック！集まれ！

攻撃側は一定距離を、防御側は蹴られたボールを追いかけて走り、どちらが早く整列できるかを競います。集団行動のトレーニングになります。

走る

| 使用する道具 | ボール（サッカーボールなど） | 人数 | 10人 | 時間 | 10分 |

| 身に付く能力 | タイミング力 | 敏捷性 | 状況判断力 | 協調性 |

1 攻撃側は円内に、守備側は円外に立つ

5人組を2チームつくり、攻撃・守備を決めます。攻撃側はボールを蹴る順番を決めて、円の中に整列。その円から15〜20m離れた位置に折り返しラインを設けます。守備側は円の外にランダムに立ちます。先生の合図で、攻撃側の1人がボールを円の外に蹴ります。攻撃側はボールを蹴ったら、みんなで折り返しラインまで走ります。

折り返しライン

15〜20m

はしるよ！

攻撃チーム

守備チーム

そっちにボールいったよ！

ここをチェック！

☑ 学年や子どもの体力に応じて、円から折り返しラインまでの距離を短くするなど工夫する。

② 攻撃側も守備側も走って整列！

攻撃側は折り返しラインまで行ったら再び円に戻り、円内で全員整列します。守備側は、ボールを取った人のもとに走って全員整列します。より早く整列できたチームが1点を獲得します。

折り返しライン

ぜんいんでえんの中にせいれつしないと

ボールとったよ！

いそげ！

攻撃チーム

守備チーム

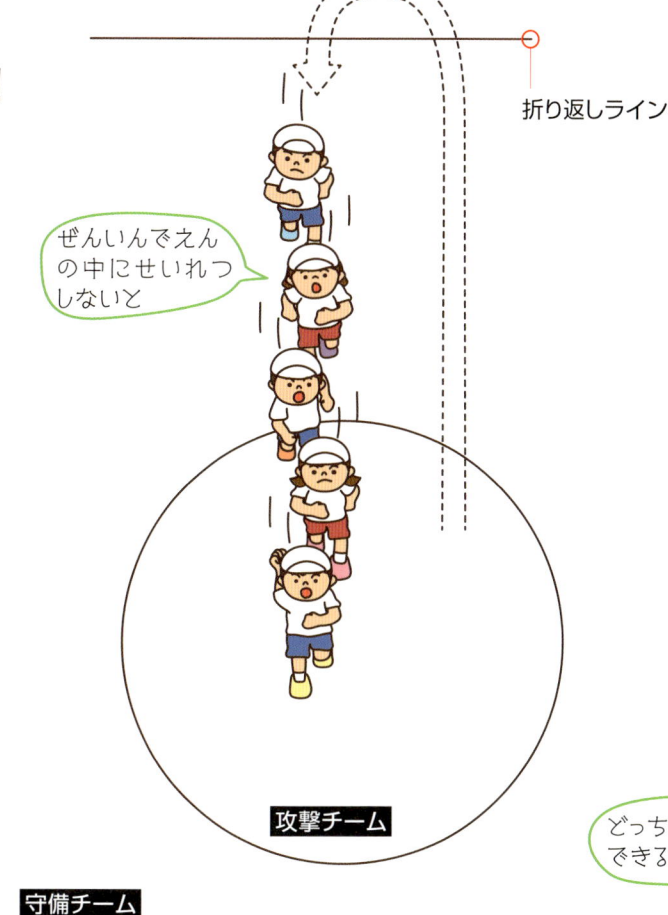

どっちが早く整列できるかな？

あっちか！

③ 全員蹴ったら攻守交代

攻撃側は順に❶❷を行い、チーム全員が終えたら攻守交代です。最終的に得点の多いチームが勝ちです。

アレンジしてみよう

➡ 攻撃側は、前の人の肩に両手を置いて連なって走るようにすると協調性がより身に付く。その場合は折り返しラインまでの距離を短くする。

ココがUP!

敏捷性を身に付けるトレーニングになる他、ボールを蹴る側も、飛んだ方向に走る守備側も、タイミングを図ったり、状況を見て行動を判断したりするようになる。

タイミング力　**状況判断力**　**敏捷性**

走る・キック！集まれ！

47

低学年 屋外 屋内

相手の「シッポ」を取って、仲間を助けよう

シッポを取ったり 取られたり

枠の中を走り回り、相手のズボンに挟んだ紙テープの「シッポ」を取り合うゲームです。仲間の状況を見て行動する状況判断力とチームワークが重要です。

走る

使用する道具 約70cmの紙テープ×人数分　**人数** 16〜20人　**時間** 3分

身に付く能力 敏捷性　状況判断力　協調性

1 シッポを付けて、枠の中へ

8〜10人組を2チームつくり、全員で20〜30m四方の枠の中に入ります。各自、紙テープ（タオルでもよい）1本を20cmほどズボンに挟み込み、腰の後ろから垂らすようにします。これが「シッポ」です。

ここをチェック！

- ☑ 敵か味方かの区別がつきやすいようにする。赤白帽の他、ビブスをつけてもよい。
- ☑ スタート前の立ち位置などの戦略を事前にチームで話し合うようにさせ、コミュニケーションを図る。
- ☑ 紙テープを2本にしてもよいでしょう。

2 シッポの取り合いスタート！

先生の合図で、相手チームのシッポを取り合います。枠内を走り回ってOKですが、相手の身体にふれてはいけません。シッポを取られた人は、枠の外に出ます。

（図：20〜30m四方の枠の中で子どもたちがシッポを取り合っている様子。「まてー」「シッポとったー」「わくの外に出ないと」「シッポとったぞ」）

48

③ 味方からシッポをもらえば復活

一度枠の外に出ても、味方メンバーが相手から獲得したシッポをその人に手渡せば、再び参戦できるようになります。3分の制限時間に達した時点で、相手に取られなかった分も含めてより多くのシッポを持っているチームが勝ちです。

ココがUP!

比較的広い枠内を縦横無尽に走り回るため、敏捷性が向上する。また、枠外に出た味方を助けるなど、全体の状況を見て行動する判断力や協調性が身に付く。

敏捷性
状況判断力

走る
・シッポを取ったり 取られたり

シッポちょうだい
はい！シッポ
これで中に入れる
2人でねらおう
にげろー

アレンジしてみよう

→ 運動能力の高い子どもには、シッポを長くするなどのハンデをつける。
→ ゲームの練習を兼ねて、シッポを取られて一度枠外に出たら戻れないルールで行ってもよい。

シッポとられちゃった

49

低学年

屋外 屋内

鶴の一声オニごっこ

オニも逃げる人も、突然決まるオニごっこ

走る

先生が番号を指定してオニと逃げる人が決まり、すぐに円の中でオニごっこを始めます。呼ばれたらすぐに自分の役の行動をとる集中力と瞬発力、敏捷性が養われるゲームです。

使用する道具 なし　**人数** 14〜20人　**時間** 5分
身に付く能力 タイミング力　敏捷性　集中力

1 オニの「オオカミ」、逃げる「ウサギ」を決める

7〜10人組を2チームつくり、それぞれのチームで紅白帽子の色を分け、交互に並んで直径5〜7mの円をつくります。先攻、後攻のチームを決め、各チームのそれぞれの人に1からの通し番号を割り当てます。先攻は「オオカミ」でオニ役、後攻は「ウサギ」で逃げる役です。

「はじめるよ」

「こうこうだから『ウサギ』だね」

「せんこうだから『オオカミ』だ」

「ぼくよばれるかな」

「わたしは3ばんね」

「ドキドキ」

直径5〜7m

ここをチェック！

☑ 先生は各自の位置を考慮して番号をコールする。そのため、ゲーム後に順番が入れ替わらないよう、待機する位置は固定した方がよい。

2 先生が番号をコール オニごっこ開始

先生がオオカミを1人、ウサギを2人、任意の番号をコールし、「レディー・ゴー！」と合図。それとともに、その番号の人でオニごっこを始めます。円の中で30秒間オニごっこをし、オオカミがタッチしたウサギの人数が得点となります。先攻、後攻ともに10回ずつ、合計20回行い、得点の多いチームが勝ちです。

「オオカミ2番、ウサギ4番、7番、レディー・ゴー！」

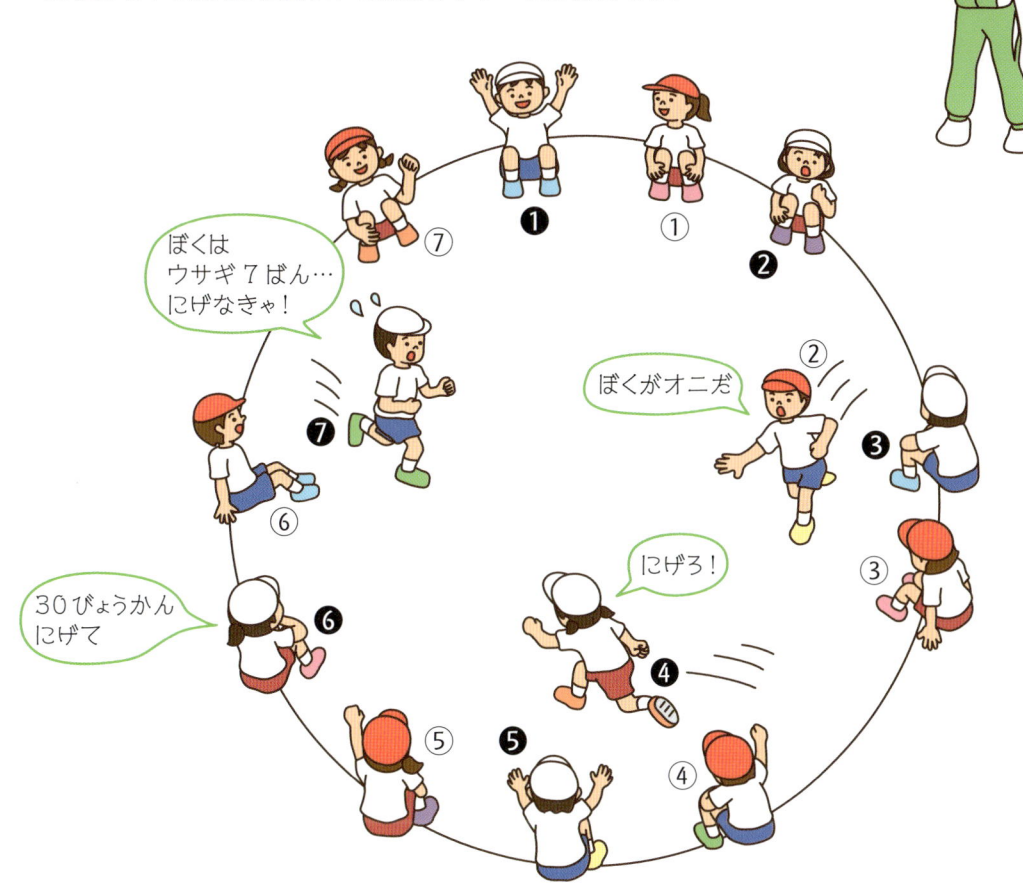

「ぼくはウサギ7ばん…にげなきゃ！」

「ぼくがオニだ」

「にげろ！」

「30びょうかんにげて」

ココがUP!

全速力のオニごっこで敏捷性が向上するだけでなく、先生のコールを聞いて、すぐ行動するため、集中力とタイミング力も身に付く。

タイミング力　敏捷性

アレンジしてみよう

- オニごっこをするオオカミ、ウサギの人数を変える。
- オオカミ、ウサギともに両足ジャンプや片足ジャンプで行うと、より下半身の筋力が身に付く。

走る・鶴の一声オニごっこ

低学年 屋外 屋内 跳ぶ

ゲーム性をもたせたジャンプ3種類
タクト・サークル・ジャンケンジャンプ

跳躍力を鍛えられるジャンプに、リズム感覚やジャンケンの要素などをプラス。準備運動やトレーニングに最適です。

| 使用する道具 | なし | 人数 | 1人以上 | 時間 | 1分～ |

身に付く能力 筋力 身体バランス力 タイミング力 協応性 集中力

タクトジャンプ

「イチ、二、サン！」のリズムでジャンプし、空中で手拍子や足たたきが何回できるかを競います。慣れたら、手と足の両方をたたいてみましょう。

イチ、二
サン！

ココがUP！

ジャンプは下半身の筋力や身体バランス力を鍛えられる。そこにリズム感覚やタイミング力、集中力を要するゲーム性を加えるため、より幅広い能力の向上が図れる。

リズム感覚　タイミング力　身体バランス力

アレンジしてみよう❶

➡ 手拍子3回、足たたき2回など、手と足で回数を変えるとより楽しくなる。

サークルジャンプ

2人組をつくります。1人は仰向けに、両手、両足を開いて寝て、両手、両足、頭を床から10cmほど浮かせます。もう1人は、寝ている人の両手、両足を順にジャンプして回っていきます。3周で交代し、早く終わった人の勝ちです。

ここをチェック！

- 寝ている人を踏まないように注意する。踏んでしまっても痛くないよう、靴を脱いで行う。

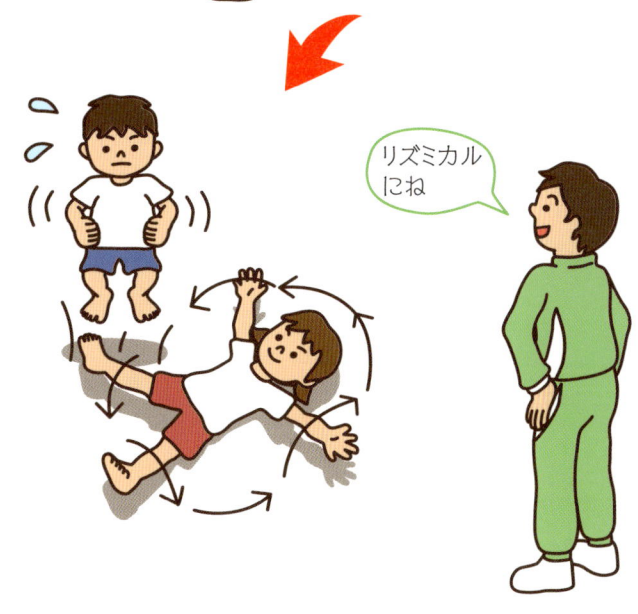

アレンジしてみよう❷

→ 慣れたら、後ろ跳びで行ってもよい。

リズミカルにね

ジャンケンジャンプ

2人組でジャンケンをし、負ければその場でジャンプ、勝てば足踏みをします。次のジャンケンをするときも、ジャンプと足踏みを継続しながら行い、勝ち負けに応じて交代。これを一定の回数続けます。

ジャンケンポン

アレンジしてみよう❸

→ 大人数で行うときは、まず2人組で行ったあと、ジャンプしている人どうし、足踏みしている人どうしで別の人とジャンケンをしてゲームを続けるようにしてもよい。

低学年 屋外 屋内

指定の番号順に、円から円へ両足跳び
数跳びピョンピョン

コースの途中に配置された円から円へ、両足跳びで移っていきます。
下半身のトレーニングに最適です。

跳ぶ

| 使用する道具 | ロープ（フラフープなども可）15本以上 | 人数 | 大勢 | 時間 | 30秒（1人あたり） |

身に付く能力：筋力　敏捷性　集中力

1 コース上に円を配置する

全長11～13mのコースの中間の5～7mを両足跳びゾーンとして、直径50cmほどの円を15以上配置します。円にはそれぞれ1～3の番号をランダムに割り当てます。この両足跳びゾーンがジャンプするゾーンで、スタートとゴール側の各3mの範囲は走るダッシュゾーンです。

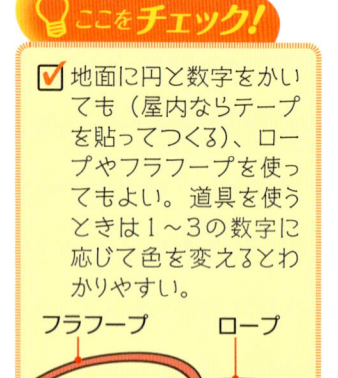

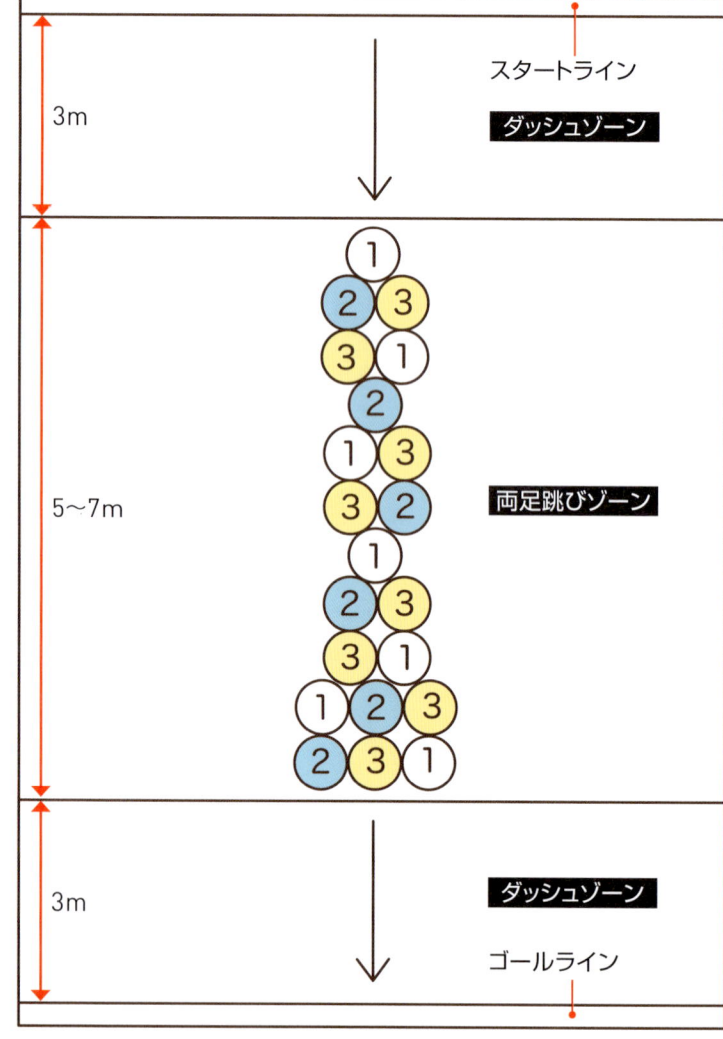

真ん中の
ゾーンでは
両足で
とぶんだよ

ここをチェック！

☑ 地面に円と数字をかいても（屋内ならテープを貼ってつくる）、ロープやフラフープを使ってもよい。道具を使うときは1～3の数字に応じて色を変えるとわかりやすい。

フラフープ　ロープ

3m　スタートライン　ダッシュゾーン

5～7m　両足跳びゾーン

3m　ダッシュゾーン　ゴールライン

② 番号順に円を踏み越えてゴールまで

先生の合図で1人ずつスタートします。両足跳びゾーンでは、1、2、3の番号順に両足跳びで円を踏み越えます。2回、3回と行い、徐々に早くゴールできるようにしましょう。

「つぎ、ぼくがはしるぞ」

「1、2、3！」

「つぎは、えーっと…3だ！」

- スタートライン
- ダッシュゾーン
- 両足跳びゾーン
- ダッシュゾーン
- ゴールライン

ココがUP!

両足跳びで下半身の筋力、敏捷性がアップする。跳ぶ順番を考えながら行動することから集中力も向上する。

- 筋力
- 集中力
- 敏捷性

アレンジしてみよう

- チームをつくり、リレー形式で早さを競う。
- 両足跳びゾーンで、先生が跳ぶ順番をコールして指定する。「偶数！ 奇数！」「1、2、1、3、2」など。

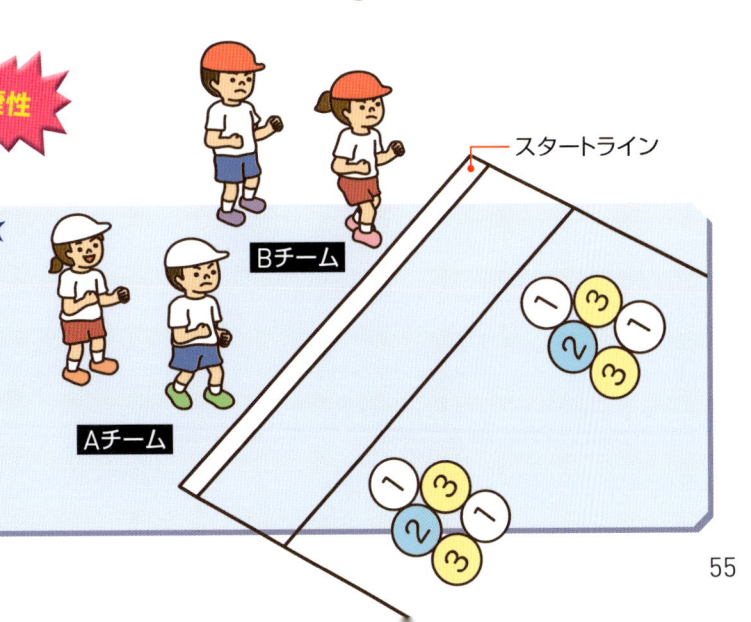

Bチーム / Aチーム / スタートライン

跳ぶ・数跳びピョンピョン

低学年 屋外 屋内 その他

目隠しした仲間を導くチームリレー
ブラインドウォークリレー

目隠しした人を導き、所定の距離を往復します。これをリレー形式で行って早さを競います。コミュニケーションや、仲間との信頼感を高められるゲームです。

使用する道具 目印（カラーコーンなど）2つ・目隠し用タオル　**人数** 大勢（4人以上）　**時間** 5分〜

身に付く能力 身体バランス力　集中力　協調性

1 折り返し地点を定め、ペアの1人を目隠し

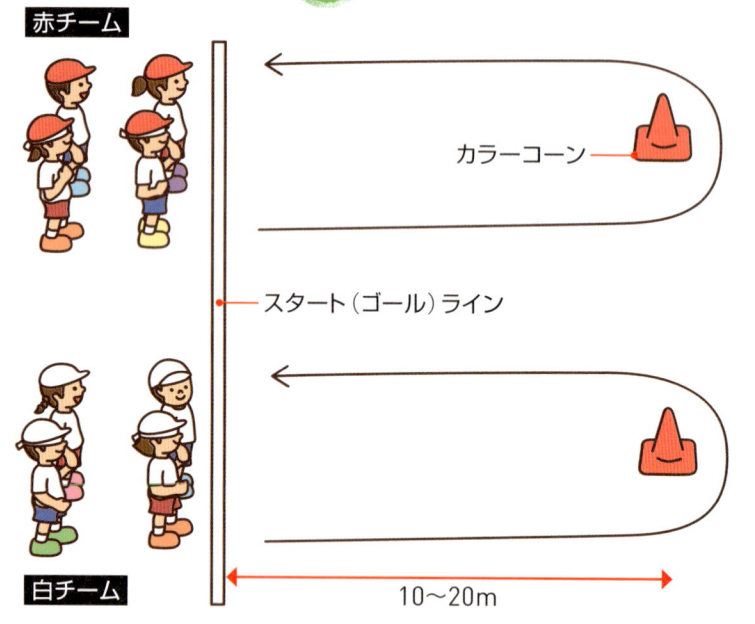

赤チーム／白チーム　カラーコーン　スタート（ゴール）ライン　10〜20m

2チームに分かれ、さらにチーム内でペアをつくります。スタートラインから10〜20m離れた位置に折り返し地点となるカラーコーンを置きます。スタートラインを先頭にチームでペアごとに2列に並び、各ペアの1人に目隠しします。

ここをチェック！
☑ 事前に、前後に並んだペアの後ろの人が目隠しをし、前の人の肩に手を置いて、ペアでその場足踏みをして慣れさせておくと安全面や信頼づくりにも効果的。

2 ペアで前後に並び、後ろの人が目隠し

先生の合図で先頭のペアがスタート。前後に並んだペアの目隠しした後ろの人は前の人の肩に手を置いて、前の人が先導して進みます。折り返し地点をぐるっと回ってゴールラインまで戻ります。

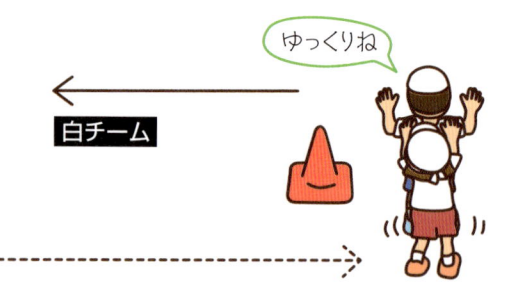

赤チーム　カラーコーン

こんな声がけ
目隠しした人は相当な恐怖を感じるので、「（先導する人は）しっかり声がけするようにね」など、状況を見て積極的に声がけするように促す。

ゆっくりね　白チーム

③ 次のペアにタッチで交代

ゴールラインまで戻り、次のペアにタッチしたら、そのペアがスタートします。1巡したら目隠しする人を交代してもう1巡し、早くゴールしたチームが勝ちです。

ココがUP! 協調性 / 身体バランス力

目隠しした人と導く人で、協調性が身に付く。暗闇の中で集中し、方向を考えながら進むことで、身体バランス力も向上する。

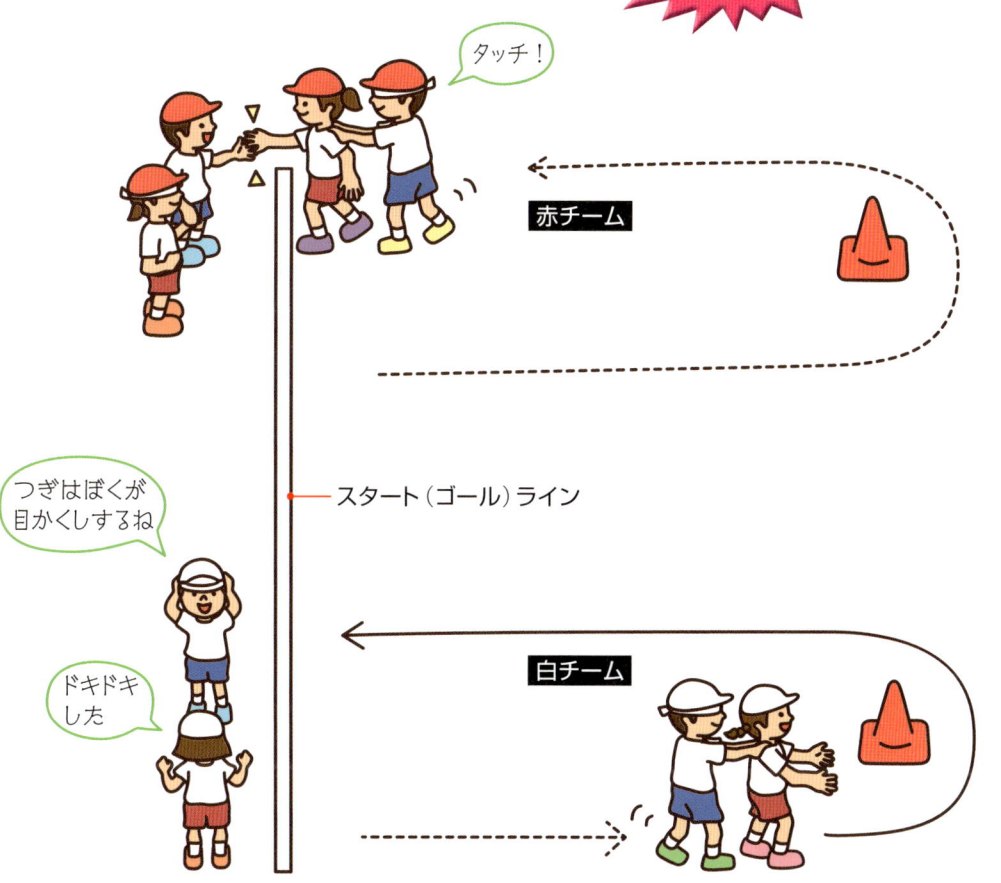

その他・ブラインドウォークリレー

タッチ！

赤チーム

つぎはぼくが目かくしするね

ドキドキした

スタート（ゴール）ライン

白チーム

★アレンジしてみよう★

- 途中にイスやボールなどの障害物を置いて、そこを回るようにする。難易度が上がることにより、さらにコミュニケーションが促され、協調性が高まる。
- 慣れてきたら、目隠しした人が肩に手を置かず、手を引いて導くようにしてもよい。

うん / おりかえすよ

カラーコーン

57

低学年 屋外 屋内

跳ぶ

跳び箱を使ってリズムよくジャンプ
リズムでピョン

リズムに合わせてジャンプし、跳び箱の上に乗ったり降りたりします。慣れるのに応じて、2人で行うなどのアレンジを加え、筋力だけでなく協調性を引き出しましょう。

使用する道具 跳び箱（1～3段）1基以上　**人数** 1人以上　**時間** 1分

身に付く能力 筋力　持久力　身体バランス力　タイミング力

跳び箱を1基使う場合

跳び箱の前に1人で立ちます。「トン、トン」のリズムに合わせて両足跳びで跳び箱の上に乗り、さらに後ろ向きの両足跳びで降ります。これを連続10回繰り返します。

跳び箱を2基使う場合

跳び箱を2基並べます。今度は跳び箱の上からスタート。リズムに合わせて両足跳びで跳び箱から降り、さらに隣の跳び箱に乗ります。その場で反対を向き、降りて、隣の跳び箱に乗って反対を向いて…これを連続10回繰り返します。2人で行ってもよいでしょう。

こんな声がけ

「トン、トン」と、先生も子どもと一緒に声に出して行う。遅い子どもがいたら、それに合わせてリズムを遅くするように主導する。

跳び箱を3基以上使う場合

段数の違う跳び箱を50cm空けて並べます。両足跳びで跳び箱の上に乗って、降りて、次の跳び箱に乗って…を繰り返します。1人だけでも2人同時でもOKです。最後の跳び箱で反対を向いて折り返すようにしてもよいでしょう。

ココがUP! 筋力 身体バランス力

リズムに合わせてジャンプするタイミング力の他、下半身の筋力が養われる。段数の異なる跳び箱を連続させれば、高低差に応じて身体をコントロールするバランス力も身に付く。

いくぞ
リズムよくね
ゴール
50cm
50cm
50cm

跳ぶ・リズムでピョン

ここをチェック!

- ☑ 事前に、跳び箱ではなくひもを使い、ひもの前後を跳び越えるようにして、両足跳びの練習を行ってもよい。
- ☑ リズミカルな音楽をかけると、より楽しくできる。

★アレンジしてみよう★

- ➡ 2人組で手をつないで行い、コミュニケーション力の向上を図る。
- ➡ 10回跳んだ早さや、20~30秒の間にどれだけ跳べたかを競うようにしてもよい。

目隠しエクササイズ

低学年 / 屋外 屋内 / その他

目隠しして「右!」「左!」「クルッと一回転!」

目隠しした状態で先生の指令通りの動作をします。重心の移動を柔軟に対応する、身体バランス力のトレーニングに最適です。

| 使用する道具 | 目隠しタオル | 人数 | 大勢 | 時間 | 1分 |

身に付く能力：身体バランス力　集中力

1 足元に目印をつける

前後左右の人と2m空けて並びます。全員、目隠しをして、その場に足で円をかきます。屋内の場合は、目印となるテープを床に貼りましょう。

その場に円をかこう

2 目隠しの状態で指令の動作をする

先生が指令を出し、その通りの動作（イラストは左に2歩、回れ右して右に2歩移動して円に戻る）を行うようにします。先生から見て、もっとも指令通りの動作をした人が勝ちです。

1歩…、2歩…
回れ右をして…
こっちかな

左に2歩、回れ右して右に2歩。よーい、スタート！ きちんと円に戻れるかな

ここをチェック！

- ☑ 激しい動作をする指令は、接触や転倒によるケガにつながるので注意する。
- ☑ 能力に応じて、指令を多くして記憶力アップを図ったり、動作が困難な指令を出して、さらに身体バランス力の向上を促したりしてもよい。

ココがUP!

目隠しした状態で動作をするため、身体バランス力や集中力が向上する。

集中力　身体バランス力

低学年 屋外 屋内 跳ぶ

スキップからジャンプに切り替えて
スキップ・ジャンプ・タッチ

スキップをして進み、イスに立った人が持つハンカチをジャンプでタッチしていきます。スキップからジャンプに切り替えるタイミングと協応性が重要です。

| 使用する道具 | イス5脚・ハンカチ(ティッシュも可)10枚・カラーコーン2本 | 人数 | 大勢(10人以上) | 時間 | 5分 |

身に付く能力：筋力　持久力　身体バランス力　タイミング力　協応性　状況判断力

1 イスをジグザグに並べる

スタートラインと、そこから12m先のゴールライン上の端にカラーコーンを1本ずつ置き、カラーコーン側には4m間隔でイスを2脚、そこから10〜15mの反対側には3m間隔で3脚置き、ジグザグのルートができるようにします。5人組を2チームつくり、先攻・後攻を決めます。先攻はスタートラインに並び、後攻は両手にハンカチを持ってイスの上に立ちます。

2 ジャンプしてハンカチタッチ

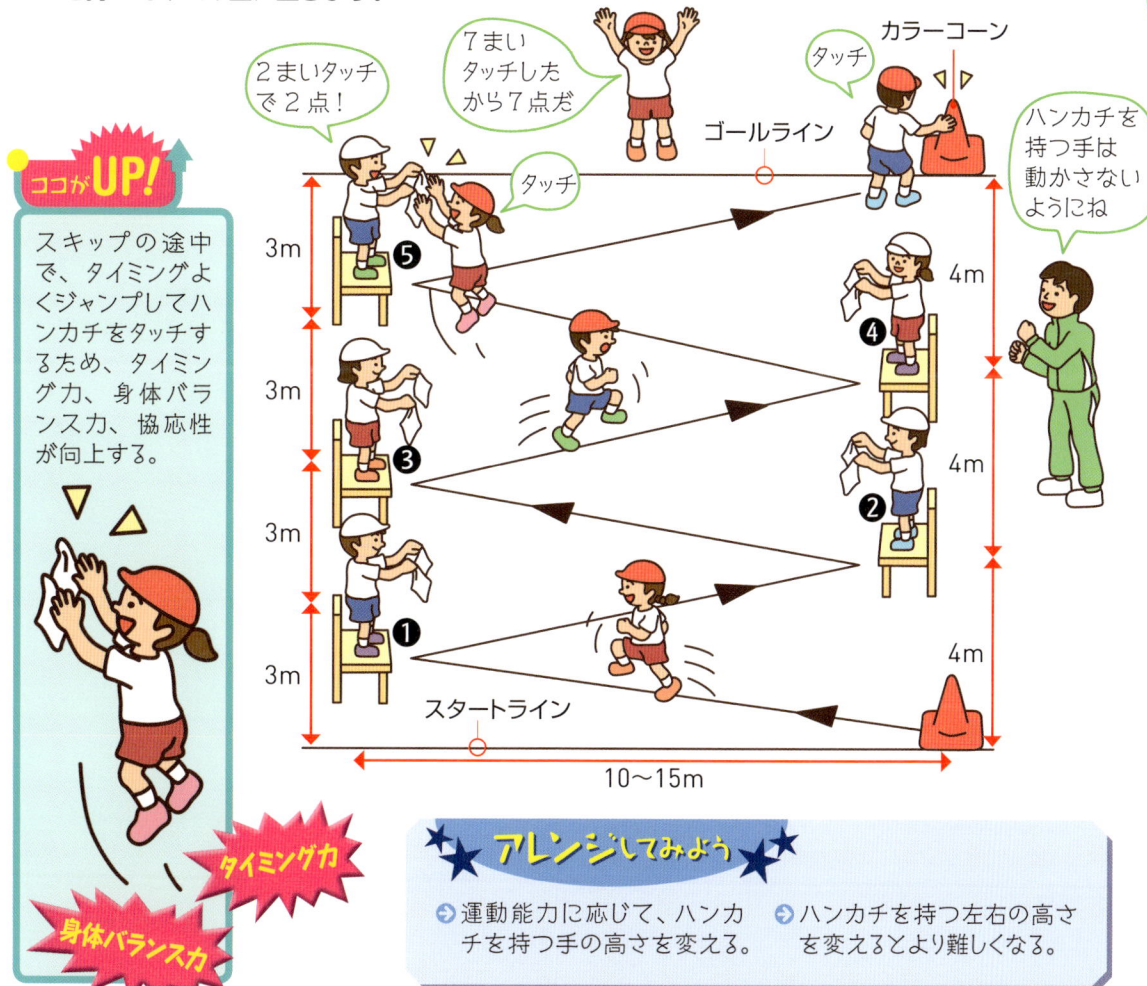

先生の合図で先攻がスタート。スタートラインから手前に❶→❷→❸→…とジグザグにスキップして進み、イスに立った人のところではジャンプしてハンカチをタッチ。最後はゴールラインのカラーコーンをタッチしてゴール。ジャンプしてハンカチをタッチした枚数×1点で、チームの総合点を競いましょう。

跳ぶ その他
・スキップ・ジャンプ・タッチ
・目隠しエクササイズ

ココがUP!

スキップの途中で、タイミングよくジャンプしてハンカチをタッチするため、タイミング力、身体バランス力、協応性が向上する。

タイミング力　身体バランス力

アレンジしてみよう

→ 運動能力に応じて、ハンカチを持つ手の高さを変える。

→ ハンカチを持つ左右の高さを変えるとより難しくなる。

ジャンプでキャッチ

低学年 屋外 屋内 跳ぶ

左右の人が投げるボールを順にジャンプキャッチ

投げられたボールを、なわとびを跳び越えながらキャッチして返し、振り返って反対側の人とも同じように行います。チームでぴったり息を合わせられるかが重要です。

使用する道具 ペットボトル2本・なわとび1本・ボール1個　**人数** 3人　**時間** 1分

身に付く能力 持久力　身体バランス力　タイミング力　協応性　集中力　協調性

1 ジャンプしてボールをキャッチ

3人組をつくります。水を少し入れたペットボトル2本になわとび（輪ゴムを結び付けたものでも可）を結び付け、なわとびが張るように置きます。そこから左右に3mずつ離れて、ボールを持って1人ずつ立ち、なわとびの手前に1人が待機します。先生の合図で、片側の人がボールを投げます。真ん中の人はなわとびを跳び越えながらキャッチし、着地したら転がしてボールを返します。

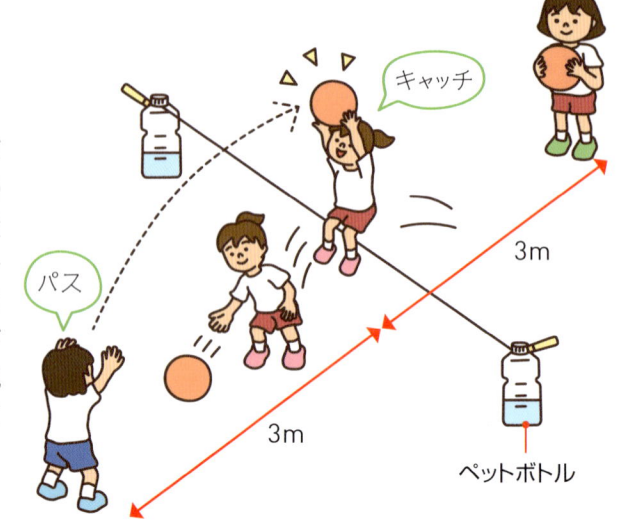

ここをチェック!

☑ ボールを投げる人はキャッチしやすいように投げさせ、コミュニケーションを図る。

2 反対側に向き直って繰り返す

ボールを返したら反対側を向き、もう片側の人がボールを投げ、なわとびを跳び越えながらキャッチし、着地したら転がしてボールを返します。なわとびを跳び越えながらキャッチしたら1点で、1分の制限時間で繰り返して行います。交代して3回行い、点数を競いましょう。

ココがUP!

ジャンプしながらボールをキャッチして返す。この一連の動作を一定の時間行うため、下半身の筋力やタイミング力、持久力が身に付く。

タイミング力　持久力

アレンジしてみよう

→ 慣れてきたら、小さなボール（テニスボールなど）に変えると、より難しくなる。

低学年

屋外 屋内

その他

風船ドリブル三人四脚リレー
三人四脚 だれが蹴る？

三人四脚になって、風船をドリブルしながらリレーをします。
身体バランス力や協調性のトレーニングに最適です。

使用する道具 風船2つ・カラーコーン2本・足を縛るロープ4本　**人数** 大勢（12人以上）　**時間** 2分

身に付く能力 身体バランス力　タイミング力　協調性

1 三人四脚になってスタンバイ

スタートラインから10～15m空けてカラーコーンを置き、2コースつくります。2チームに分かれてチームで3人組になり、三人四脚となるよう足をロープで縛ります。各チームでスタートラインに並び、ラインには風船を置きます。

2 三人四脚で風船をドリブルして進む

先生の合図で各チームの先頭がスタートし、風船をドリブルしながら進みます。カラーコーンで折り返して戻り、ゴールしたら風船を次の走者に渡します。最後の組が早くゴールしたチームの勝ちです。

ココがUP!

走るのも、ドリブルするのも、3人で息を合わせて行うため、身体バランス力や協調性が身に付く。

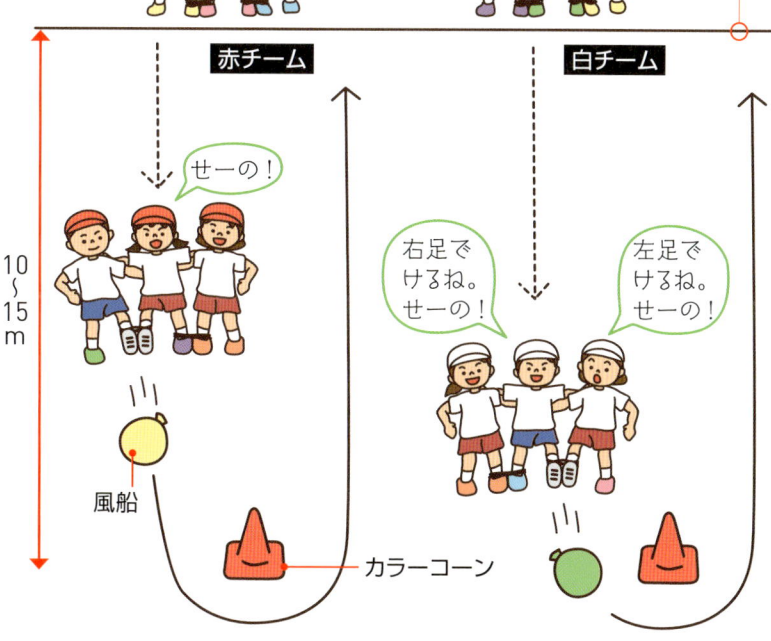

身体バランス力

協調性

- がんばれー
- せーの！
- 右足でけるね。せーの！
- 左足でけるね。せーの！

赤チーム　白チーム

スタート（ゴール）ライン

10～15m

風船　カラーコーン

ここをチェック！

- ☑ 始める前に、「イチ、ニ、イチ、ニ」のリズムに合わせて歩く練習を行う。
- ☑ 慣れるまで、足を縛らずに肩を組んで行ったり、二人三脚にしたりしてもよい。
- ☑ 激しく転倒しないように注意し、足を縛るロープをきつく締めすぎないようにする。

跳ぶ　その他
・三人四脚 だれが蹴る？
・ジャンプでキャッチ

低学年 屋外 屋内 その他

誰がどの順番で並んでいるかを探し当てよう
並んでいるのはだれ？

右に、左に素早く動いて、誰がどの順番で並んでいるかを言い当てます。チームワークや状況判断のトレーニングに最適です。

使用する道具 なし　**人数** 14人　**時間** 2分

身に付く能力 身体バランス力　タイミング力　状況判断力　協調性

1 ムーブゾーンの前に肩をつかんで1列に並ぶ

1×3mの横長の四角形を2つつくり、ムーブゾーンとします。7人組を2チームつくり、監視官を1人決めます。相手チームのムーブゾーンから1m空けて6人で前の人の肩をつかんで並び、監視官がチームのムーブゾーンに入ります。

2 どの順番に並んでいるかを言い当てる

先生の合図でスタート。監視官はムーブゾーンから出ないようにして動き、相手チームがどの順番で並んでいるかを言い当てます。並んでいるチームは前の人の肩から手を離さないようにして、見つからないように左右に動きます。2分の制限時間内で監視官が言い当てた人数や早く全員言い当てたチームの勝ちです。

白チーム　赤チーム　せいかい

5人目はだれだろう　3人目はひろ君だ

ムーブゾーン　1m　赤チーム　3m　白チーム　ムーブゾーン　1m

ココがUP!
多人数でまとまって動くことにより、協調性や身体バランス力が向上する。監視官は誰が並んでいるかを探し当てるため、状況判断力や集中力も上がる。

状況判断力　**協調性**

ここをチェック！
☑ チームで声をかけ合うようにして、コミュニケーションを図ってもよい。また、あえて声がけを禁止にして、その場の状況判断を促してもよい。

64

低学年 屋外 屋内

跳ぶ

リズムよく閉じ開きする足をジャンプしてかわせ
タイミング・ジャンプゲーム

1人が座って足を開いたり、閉じたりするのを、もう1人がジャンプしてかわします。
2人でリズムよく、息を合わせて行う簡単なウォーミングアップゲームです。

| 使用する道具 | なし | 人数 | 2人 | 時間 | 1分 |

身に付く能力 持久力 柔軟性 タイミング力 集中力 協調性

1 両足をまたいで立ってスタンバイ

2人組をつくります。1人はお尻をついて両足を伸ばし、後ろに手をつきます。もう1人はその両足をまたいで立ちます。

2 「イチ、ニ、イチ、ニ」で足を動かす

2人で合図を出し、「イチ」で座っている人が足を開き、立っている人はジャンプして開いた足の内側に着地します。「ニ」で座っている人が足を閉じ、立っている人がジャンプして両足をまたぐように着地します。これを30秒間行い、ジャンプしている人が後ろに跳んで終わります。

「せーの！」

「イチ、ニ！イチ、ニ！」

ココがUP!

持久力、下半身の筋力が向上する他、リズム感覚や協調性が向上する。

リズム感覚
持久力

アレンジしてみよう

→ 1人がうつぶせになり、同じように両足を開いたり閉じたりして行う。

「イチ、ニ　イチ、ニ」

跳ぶ その他
・タイミング・ジャンプゲーム
・並んでいるのはだれ？

65

低学年 | 屋外 | 屋内

紙テープが床につかないように疾走

走れ！疾風のごとく

手に持った長い紙テープが床につかないように、1分間走ります。運動能力に応じて、持久力をアップできるトレーニングです。

走る

| 使用する道具 | 2m、3m、4m、5m紙テープそれぞれ4本ずつ | 人数 | 大勢（4人以上） | 時間 | 1分 |

身に付く能力　筋力　持久力　敏捷性

1 紙テープを持ってスタンバイ

2m、3m、4m、5mの紙テープ（長さで色分けされているとなおよい）を用意します。4人組をつくり、使用する紙テープを自分で選んで持ちます。ぶつからないように広がってスタンバイします。

2 紙テープが床についたらアウト

先生の合図で、全員、紙テープが床につかないように走り出します。途中で、紙テープが床についてしまったりした場合はアウトで、その場に立ち止まります。1分の制限時間で、最後まで走っている人の紙テープの長さで、競いましょう。

2m 赤　3m 青　4m 黄　5m 白

短いからかんたん

あと30秒！

1分って長い

ココがUP!

一定時間を素早く走るため、下半身の筋力や持久力、敏捷性が身に付く。

持久力　敏捷性

ここをチェック！

- ☑ チームで紙テープの合計の長さを競う、チーム戦にしてもよい。
- ☑ 運動能力に応じて、紙テープをさらに長くしてもよい。
- ☑ 風がない日であれば、外で行っても可。

低学年 屋外 屋内

その他

手押し車オニ

手で歩く人の足を持った手押し車でオニごっこ

ペアの片方が手をつき、もう片方が足を持って手押し車になり、チームでオニごっこをします。腕周りの筋力や持久力、身体バランス力のトレーニングに最適です。

| 使用する道具 | なし | 人数 | 大勢（12人以上） | 時間 | 1分 |

身に付く能力 筋力　持久力　身体バランス力　状況判断力　協調性

1 手押し車になってスタンバイ

6人組を2チームつくり、先攻・後攻を決めます。チームでペアを組み、1人が手を地面につき、もう1人が足を持って手押し車の状態になります。

2 追いかけてタッチ

先生の合図でスタート。後攻側は逃げて先攻側を追いかけます。地面に手をついている人が後攻側をタッチします。制限時間の30秒で行い、先攻・後攻を交代します。最終的にタッチしたペアが多いチームの勝ちです。

「まて」「逃げろー」「わータッチされた」「タッチ」「残り10秒」

その他　走る
・手押し車オニ
・走れ！疾風のごとく

ここをチェック！

- 運動能力の低い子どもは足を持つときに大腿部までを持つようにすると楽に行える。反対に運動能力の高い子どもはひざを持つようにする。
- 逃げ方や攻め方の作戦を立てさせて、コミュニケーションを図る。

ココがUP!

手押し車の下の人は腕を使って一定時間歩くことにより、腕周りの筋力や持久力、身体バランス力が向上する。

筋力　持久力

低学年 屋外 屋内 その他

相手チームがしぼったタオル、まだ水が出る？
すべてをしぼりきれ！

水につけたタオルを先攻ペアがしぼり、それを後攻ペアがしぼって、水が出るかを競います。さまざまな状況で行えるゲームです。

使用する道具 タオル1枚・バケツ1個・ビニール袋1枚　**人数** 4人以上　**時間** 1分
身に付く能力 筋力　巧緻性　協調性

1 タオルをしぼりきって後攻ペアに渡す

2チームに分かれてペアを組み、先攻・後攻を決めます。水を入れたバケツを用意し、タオルをその中に入れます。先生の合図で、先攻ペアがタオルを取り出して2人でしぼり、水をきります。制限時間の30秒が経過したら、タオルを後攻ペアに渡します。

2 タオルをしぼり、水が出たら後攻ペアの勝ち

後攻ペアは地面にしいたビニール袋の上でタオルをしぼります。ビニール袋をさわり、水滴があるかどうかで判定し、制限時間の30秒以内にタオルから水が垂れたら後攻ペアの勝ち、垂れなかったら先攻ペアの勝ちです。先攻、後攻交代して行います。

赤チーム

水が出てこない　赤チームが勝ちの場合　白チーム

水が出たね　白チームが勝ちの場合　白チーム

ここをチェック！
- ☑ 1人でタオルをしぼるのではなく、必ず2人で協力して行うようにする。
- ☑ なるべく運動能力の差が出るようなペアの組み合わせにして、コミュニケーションを図る。

ココがUP！
筋力　協調性
ペアで力を合わせてタオルをしぼることにより、協調性や手首、腕周りの筋力がアップする。

アレンジしてみよう
→ タオルの大きさを変える。
→ タオルの枚数を変える。

中学年
向けのトレ・ゲーム

3、4年生の発育・発達段階に合わせて、低学年よりルールの難易度が高く、運動量が多いトレ・ゲームを紹介します。みんなで熱中してできるプログラムばかりです。

中学年の体つくり運動とトレ・ゲーム

中学年の発達とそれに応じた運動

　中学年の頃はギャングエイジといわれる時期で、集団をつくって遊ぶようになります。また、身長や体重、体力や運動能力などの発育・発達に個人差が出てくるといった特徴があり、低学年の頃よりスムーズな動きや複雑な動きなど、自分の動きをある程度コントロールできるようになり始めます。
　そこで、低学年の運動よりもルールの難易度を上げ、複雑な動きを増やし、望ましい集団行動をとれるような運動をしましょう。
　また、集団で行う運動に必要な状況判断力や協調性を中心に身に付けることが重要です。特に身に付けたい能力からトレ・ゲームを選び、授業（練習）に導入するのもよいでしょう（トレ・ゲーム一覧表→p169〜174）。

特に身に付けたい能力　持久力　身体バランス力　巧緻性　協応性　状況判断力　協調性

中学年の体つくり運動

　平成23年度に全面実施された小学校の旧学習指導要領より、「体つくり運動」を中学年でも実施するようになりました。下の表のように、体つくり運動は、2つのねらいがある「体ほぐしの運動」と、(ア)〜(オ)の運動をさまざまな動きを養うために意図的に行う、「多様な動きをつくる運動」に分かれます。後者は、基本的な体の動きの幅を広げ、動きの質を高めることをねらいとするものです。

中学年の体つくり運動	体ほぐしの運動	多様な動きをつくる運動
	「心と体の変化に気付く」	(ア) 体のバランスをとる運動
		(イ) 体を移動する運動
		(ウ) 用具を操作する運動
	「みんなで関わり合う」	(エ) 力試しの運動
		(オ) 基本的な動きを組み合わせる運動

「体ほぐしの運動」とトレ・ゲーム導入例

　体ほぐしの運動の2つのねらいと、それらのねらいにそったトレ・ゲームを紹介します。

「**心と体の変化に気付く**」とは、体を動かすと心も弾むことや、体の力を適度に抜くと気持ちがよいことなどに気づくことです。
→ **つながって交互に走れ**　時間3分　P94〜95

「**みんなで関わり合う**」とは、自他の違いを知り、誰とでも仲よく協力したり助け合ったりして、さまざまな運動をすると楽しさが増すことなどを体験することです。
→ **ジャンプ地を確保せよ！**　時間5分　P84〜85

「多様な動きをつくる運動」とトレ・ゲーム導入例

　多様な動きをつくる運動は5つの運動領域で構成されており、また、低学年が「―運動遊び」だったのに対して、中学年は「―運動」としています。低学年より段階を上げた授業を行いましょう。

(ア) 体のバランスをとる運動

　回る・寝転ぶ・起きる・座る・立つなどの体勢や体の方向を変えたり、バランスを維持したりする動きをして、さまざまな体勢・アンバランスな感覚を経験させる運動をしましょう。

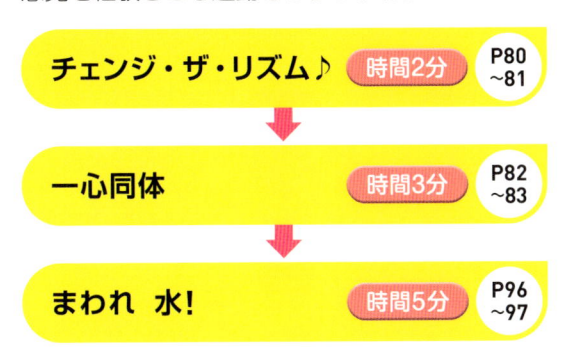

- チェンジ・ザ・リズム♪　時間2分　P80〜81
- 一心同体　時間3分　P82〜83
- まわれ 水!　時間5分　P96〜97

(イ) 体を移動する運動

　早さ・リズム・体の向きなどを変えて、歩く・走る・跳ぶ・はう・はねるなどの動きや、一定の早さでのかけ足などを通して、さまざまな運動の基礎になる動きを身に付ける運動をしましょう。

- ジョギングタッチ ―シュート＆ゴール―　時間3分　P72〜73
- サークル・リレー　時間5分　P90〜91
- ヒューマンサッカー　時間5分　P88〜89

(ウ) 用具を操作する運動

　用具をつかむ・持つ・降ろす・回す・転がす・くぐる・運ぶ・投げる・取る・跳ぶ・乗るなどの動きを通して、用具を扱う技術を身に付ける運動をしましょう。

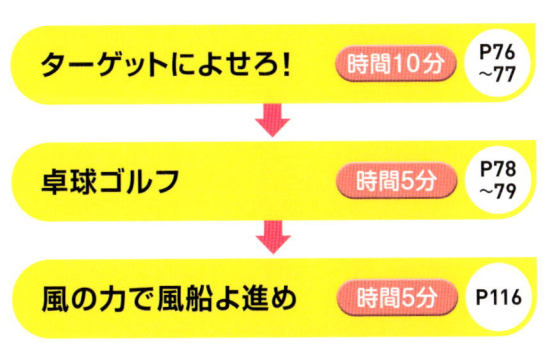

- ターゲットによせろ!　時間10分　P76〜77
- 卓球ゴルフ　時間5分　P78〜79
- 風の力で風船よ進め　時間5分　P116

(エ) 力試しの運動

　人を押す・引く・運ぶ・支える・人と力比べをするなどの動きを通して、せいいっぱいの力でさまざまな運動を繰り返し取り組み、その結果に体力向上を図る運動をしましょう。

- 円形綱引き　時間2分　P104
- ペットボトル・リレー　時間5分　P111
- 新聞ボールを飛ばせ　時間3分　P108

(オ) 基本的な動きを組み合わせる運動

　バランスをとりながらの動き、用具を扱いながらの動きなどの2つ以上の動作を同時に、または連続した運動を通して、基本的な動きを組み合わせた動き方が身に付く運動をしましょう。

- まきまきマシーン　時間5分　P106〜107
- 宝を持って 川をわたれ　時間5分　P86〜87
- 数えてキャッチ　時間5分　P112

中学年
屋外　屋内

ジョギング中にタッチした人、誰かな
ジョギングタッチ －シュート＆ゴール－

走る

4人で走り、誰かが先頭の人にタッチして、先頭の人はタッチした人を当てます。楽しみながらウォーミングアップすることができます。

使用する道具 なし　**人数** 4人　**時間** 3分
身に付く能力 持久力　集中力　協調性

1 ジョギングして、先頭の人を誰かがタッチ

4人でジャンケンをします。負けた人が先頭に立ち、後ろに3人が1列で並びます。そのまま前の人が先導して、ゆっくりとジョギングします。頃合いを見て、後ろの3人の誰かが先頭の人の背中をタッチします。

「だれがタッチするのかな」

ココがUP！

先頭の人は走りながら誰がタッチするのかを考えることにより、集中力が身に付く。また、後ろの人は先頭の人にわからないようにアイコンタクトするなどしてタッチする人を決めるため、協調性が向上する。

集中力　協調性

2 タッチした人を当てる

タッチされた人は、3秒数えたあとに振り返り、タッチしたと思う人を「シュート！」と言いながら指差します。これらをジョギングしながら行います。

「シュート」

こんな声がけ

「もう少しゆっくり走るように」など、走るのが苦手な子どもに合わせて早さを調節する。

「後ろで走っている人は声を出さないでタッチする人を決めるんだよ」など、声を出さないでコミュニケーションをとるようにする。

③ 当たったら先頭を交代、外れたらそのまま

後ろの3人は、当たった場合は「ゴール！」と言いながら両手を頭上に上げ、タッチした人と先頭が交代します。外れた場合、後ろの3人は「カーン！」と言いながら先頭の人を指差します。先頭の人がタッチした人を当てるまで繰り返します。これら一連の動作をジョギングしながら行い、制限時間の3分間繰り返しましょう。

当たった場合
ゴール！
やった！
わたしが先頭ね

外れた場合
カーン！
外れた
ズルはしないようにね

ここをチェック！

- ☑ なかなか先頭が交代できていないときは「タッチと同時に声を出す」「3回外れたら交代する」などの配慮をする。
- ☑ 軽快な音楽を流しながら行うとよりよい。

アレンジしてみよう

- ➡「外れたら3人の周りを1周して元に戻る」などの要素を加える。
- ➡ ジョギングをスキップに変えて行うと、さらに下半身のトレーニング効果が高まる。

走る・ジョギングタッチ―シュート＆ゴール―

中学年 屋外 屋内

投げる

遠心力をコントロールして、ハンマーを投げる

遠心力を活かせ！

身近なものでつくったハンマーを回転させて的に投げ、高得点を目指します。
ハンマーに働く遠心力をコントロールすることで、道具の扱い方の理解につながります。

| 使用する道具 | ボール9個・ビニール袋9枚・なわとび9本 | 人数 6人 | 時間 5分 |

身に付く能力　筋力　タイミング力　巧緻性　集中力

1 地面に的をつくる

的の中心になる直径1mの円をかき、その外側に半径が1mずつ大きくなるように円を4つかいて的をつくります。中心の円から得点を100、80、60、40、20とします。3人組をチームとして、的から10m離れた位置に並び、3人それぞれにハンマーを3つずつ用意しておきます。

ここをチェック！①

- ボール（バレーボールなど）を入れたスーパーのビニール袋の口をなわとびでかたくしばって、専用のハンマーをつくる。

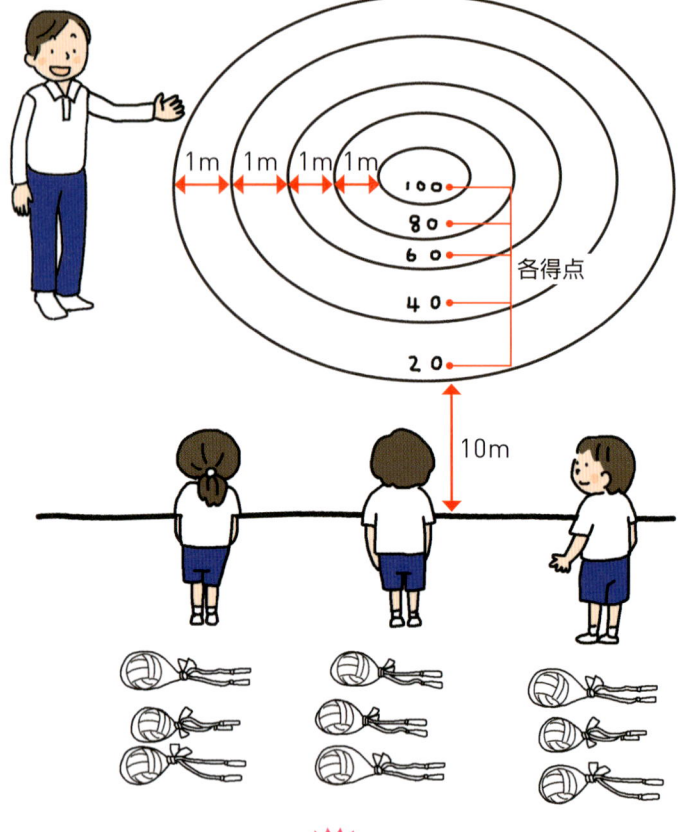

（ボール・ビニール袋・なわとび）

2 ハンマーを投げて高得点を目指す

1人3回、ハンマーを的に向かって投げ、的にハンマーが落ちた地点の得点の合計を競います。片手でハンマーを回転させて、遠心力をコントロールして高得点を狙いましょう。

「100点ねらうぞ!!」

ココがUP!

ハンマーの回転に合わせて投げることにより、タイミング力や集中力が向上する。また、ハンマーの遠心力をコントロールするため、巧緻性も上がる。

巧緻性　タイミング力

③ チームの総合点で競う

的の枠外は0点で、ボールが2つの得点のライン上にあるときは、高い得点をカウントします。チームで獲得した得点の合計を計算します。

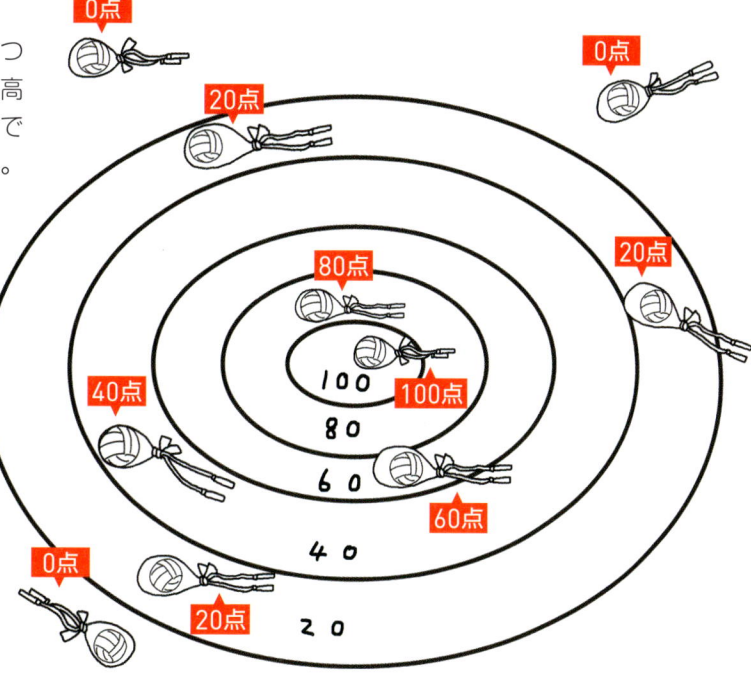

Aチームの合計点は340点です

④ ハンマーの投げ方を変える

2回戦、3回戦はハンマーの投げ方を変えます。2回戦目は、体を回転させてハンマーを回し、3回戦目は、ハンマーを片手に持ち、頭上で回転させて投げます。最終的にはこの3回戦のチームの合計点で競います。

投げる ・遠心力を活かせ！

ここをチェック！②

☑ ハンマーを振り回すときや投げるときは、周りの人に当たらないように十分注意する。

アレンジしてみよう

→ 新しい投げ方を考えて行う。例えば、ハンマーを回転できるのは3回転だけにして、3回転目に投げ入れる。

中学年　屋外　屋内　打つ

ボールをターゲットに近づけるほど高得点
ターゲットによせろ！

チームで交互にボールを蹴ってターゲットに近づけていきます。狙った位置にボールを正確に蹴るゲームのため、サッカーの練習に効果的です。

使用する道具 大きいボール2種類×6個・小さいボール1個　**人数** 6人　**時間** 10分
身に付く能力 巧緻性　集中力　状況判断力　協調性

1 チームで異なる種類のボールを用意する

3人組を2チームつくり、チームで異なるボール（イラストは、Aチームはサッカーボール、Bチームはドッジボール）を1人2個ずつ用意します。両チームで10～15mの距離を空けて並び、向かい合います。その中央に、ターゲットボールとなる小さいボール（イラストは野球ボール）を置きます。

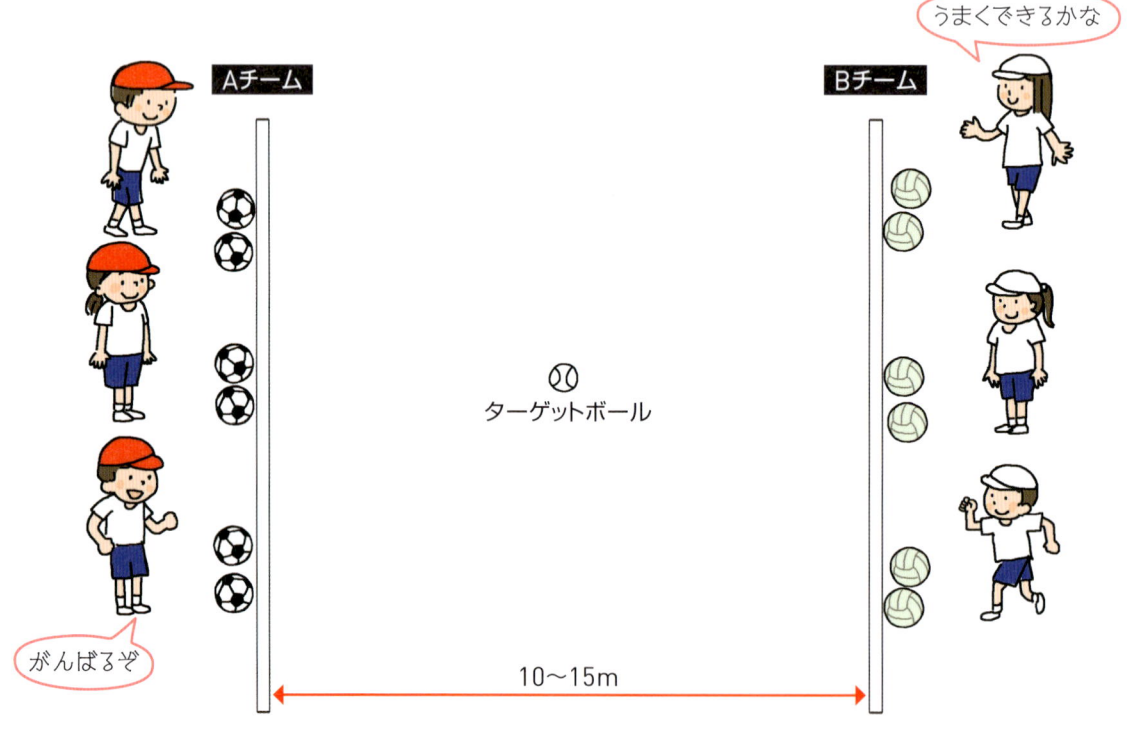

Aチーム　　Bチーム
うまくできるかな
ターゲットボール
がんばるぞ
10～15m

2 ターゲットボールに近づけるようにボールを蹴る

各チームでボールを蹴る順番を決め、ジャンケンで勝ったチームの1番手がターゲットボールに近づくようにボールを1個蹴ります。相手チームの1番手も同じように蹴り、交互に行い、全員蹴り終わったら、1番手に戻って2個目を蹴ります。蹴ったボールが、ターゲットボールやチームのボールに当たってもそのままにし、ターゲットボールが外に出たら中央に戻します。

えい！
ターゲットボール

3 ターゲットボールに近いボールが高得点

全てのボールを蹴り終えた時点で、いったん得点を数えます。ターゲットボールに近いボールから順に2点、1点、他を0点と計算します。総得点が15点になるまで繰り返し、早く15点になったチームが勝ちです。

こんな声がけ

「**いいところにボールがいったね**」など、ターゲットボールに近づけるだけでなく、ゲーム運びに有利な位置にボールがいくように工夫している子どもを積極的にほめる。

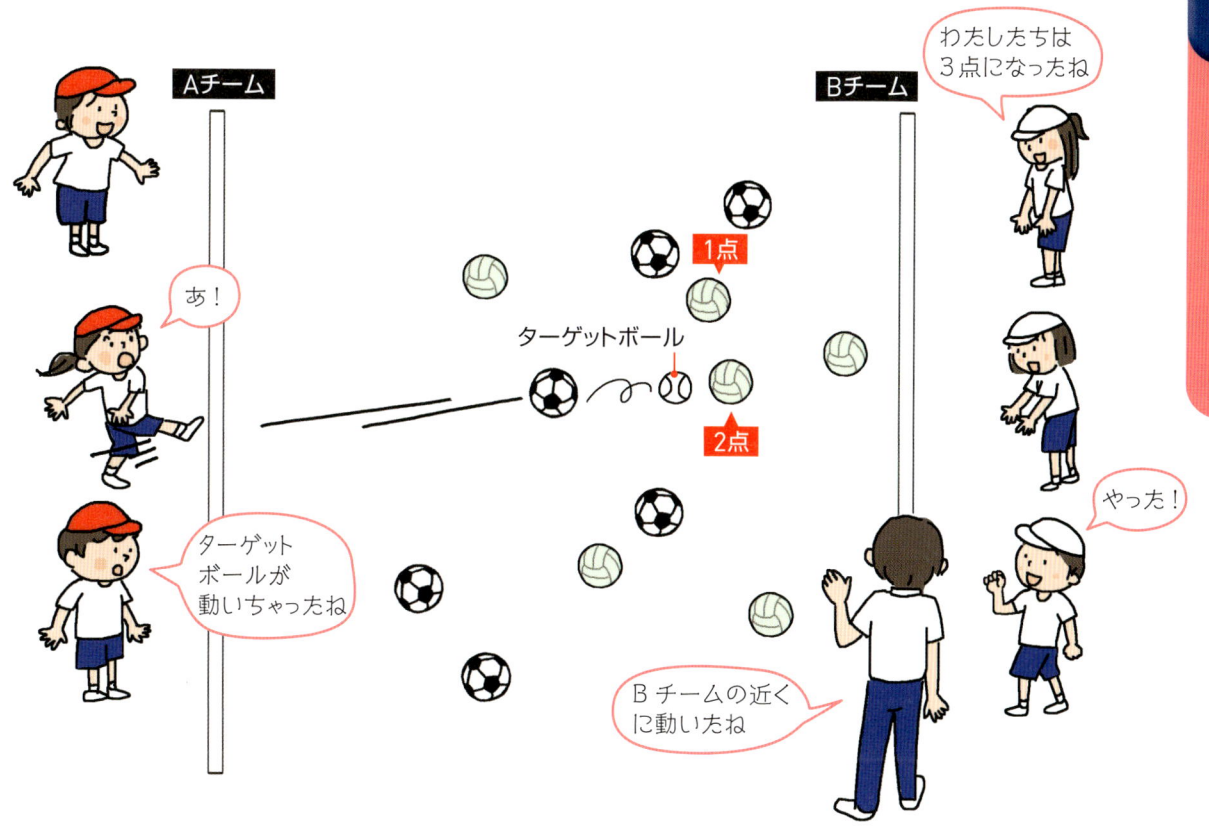

打つ・ターゲットによせろ！

Aチーム / Bチーム

わたしたちは3点になったね

あ！

ターゲットボール

1点
2点

ターゲットボールが動いちゃったね

Bチームの近くに動いたね

やった！

ココがUP！

単にボールに近づければいいだけでなく、全体のボールの位置を見て蹴ることから、状況判断力が向上する。また、作戦通りにボールを蹴るようにするため、集中力や巧緻性も上がる。

集中力
巧緻性
状況判断力

アレンジしてみよう

→ 人数やボールの数を変える。
→ 足ではなく手でボールを投げる。

卓球ゴルフ

中学年 屋外 屋内 打つ

卓球のラケットと玉入れの球でナイスオン!?

卓球のラケットを使い、ゴルフの要領で、ボールをゴールに入れるまでの打数を競います。テニスやバトミントンなどの練習に効果的です。

| 使用する道具 | 玉入れの球9個・卓球のラケット9本 | 人数 | 大勢 | 時間 | 5分 |

身に付く能力：タイミング力　巧緻性　協応性　集中力　状況判断力

1 3つのホールをつくる

3人組を3チームつくり、全員、卓球のラケットと玉入れの球を持ちます。スタートラインから離れた場所にゴールの円をかき、これを1ホールとし、3ホールつくります。各チーム1人ずつ1～3のホールのスタートラインに並びます。先生の合図で、各ホールの1番手がスタートラインからラケットで球を打ちます。

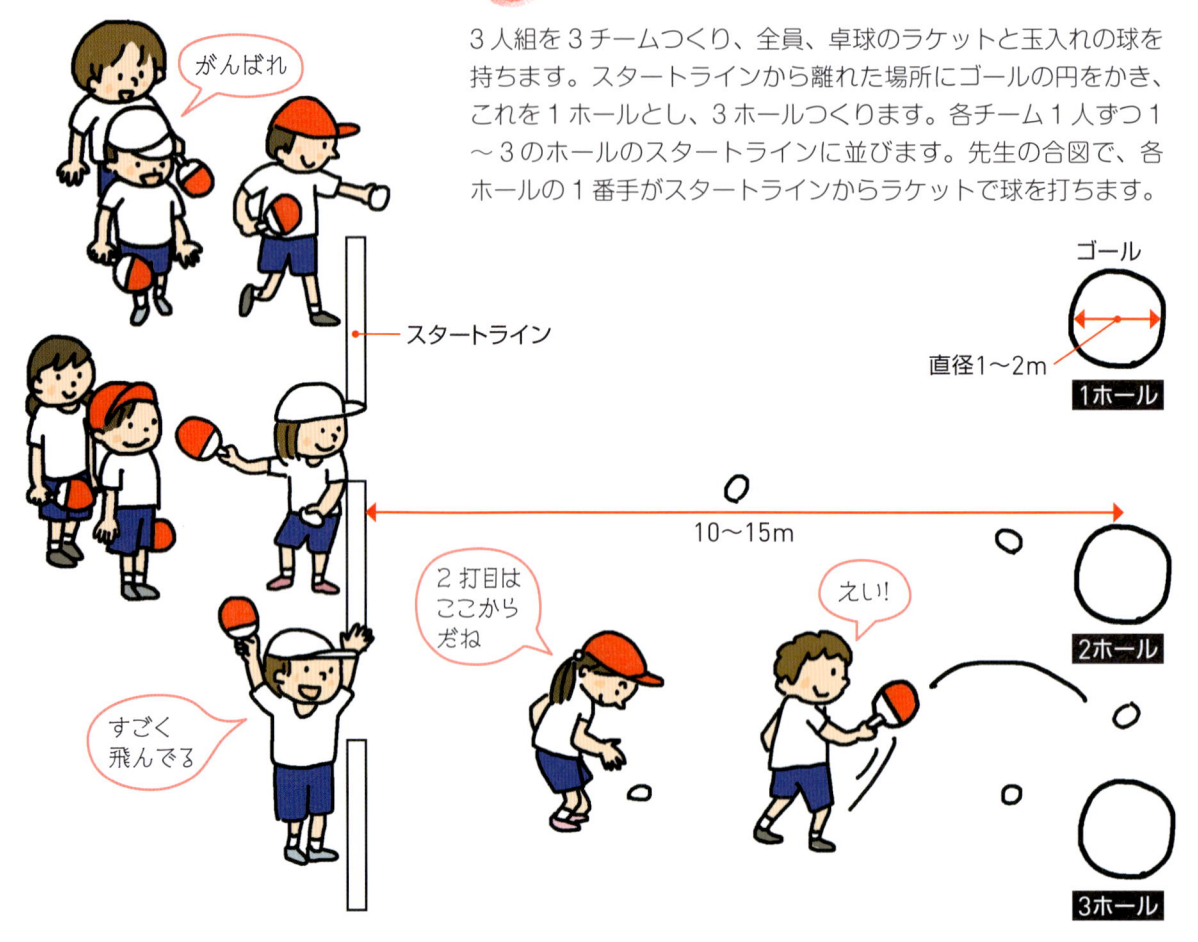

- がんばれ
- スタートライン
- ゴール　直径1～2m　1ホール
- 10～15m
- 2打目はここからだね
- えい！
- すごく飛んでる
- 2ホール
- 3ホール

2 打数の少ないチームの勝ち

1番手が球を打ったら続いて2番手、3番手が同じようにして打ちます。一回りしたら、次はゴールから遠いところに球のある人が、その場所から打ちます。これを全員がゴールに入るまで続けます。球を打った回数を数え、チームの合計打数が最も少なかったチームの勝ちです。

- 5打目でホールイン
- ホール

3 特徴のあるホールをつくる

2回戦目以降は、ホールを変えましょう。例えば、間に木を挟むようにしてスタートラインとホールをつくったり、四角い枠をかいてそこに球が落ちたらスタートに戻るようなペナルティエリアを設けたりします。

ココがUP!

ゴールまでの距離を見極め、それに応じて打つ強さを調節することで、状況判断力や巧緻性、協応性、集中力が身に付く。

巧緻性
状況判断力

打つ・卓球ゴルフ

- 1回方向をかえないと
- 木をこえたぞ
- えー！むずかしい
- スタートライン
- ここに入ったらスタートからだよ
- スタートライン
- ペナルティエリア
- ホール
- まずは、弱く打つようにして、つぎに強く打つようにして…
- ホール

こんな声がけ

飛距離が伸びない子どもに、打つタイミングに合わせて**「イチ、ニのサン」**などのかけ声をするとよい。

ここをチェック!

☑ ラケットが使えない場合は空のペットボトル、玉入れの球がない場合は丸めた新聞紙などで代用する。

中学年 屋外 屋内 その他

音楽にのせて右腕と左腕で違う動きをしよう
チェンジ・ザ・リズム♪

右腕と左腕で違う動きをしながらリズムをとり、チェンジで左右の動きを交代します。これを音楽にのせて行います。ダンスの練習に最適です。

使用する道具 音楽機器　**人数** 1人　**時間** 2分
身に付く能力 持久力　身体バランス力　協応性　集中力

腕を使って

1 右腕、左腕を3拍子のリズムで動かす

右腕を縦に大きく振り、左腕は三角形を空にえがくように振ります。これを音楽をかけて行い、3拍子のリズムに合わせて動かします。

こんな声がけ
「**イチ…、ニ…、サン…**」など、不慣れな子どもには遅いテンポで行うように、先生がリズムを言うようにする。

イチ、ニ、サン
イチ、ニ、サン

2 「チェンジ」で右腕、左腕の動作を逆に

慣れてきたタイミングで、先生が「3、2、1、チェンジ」と合図します。それと同時に、右腕、左腕の動作を反対にします。音楽が終わるまで、数回チェンジをしましょう。

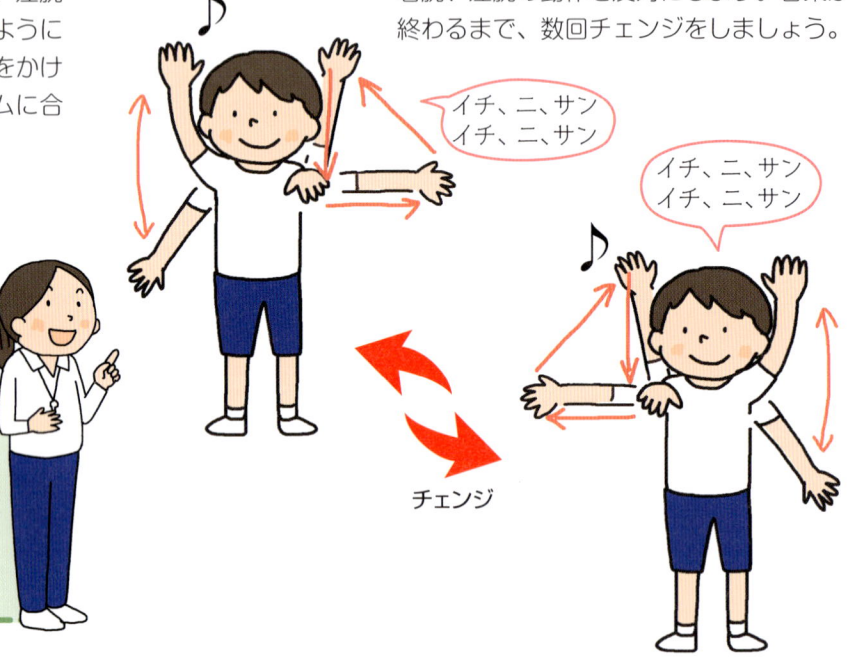

イチ、ニ、サン
イチ、ニ、サン

チェンジ

★ アレンジしてみよう ★

→ 右腕は縮めて伸ばし、左腕は上下に動かす。2拍子のリズムに合わせて行い、チェンジで動作を反対にする。

イチ、ニ

チェンジ

→ 右腕は上下に、左腕は四角形をえがくように動かす。4拍子のリズムに合わせて行い、チェンジで動作を反対にする。

イチ、ニ、サン、シ

チェンジ

足を使って

『左足を前に→右足を右に→左足を後ろに→右足を左に(元の位置)』これを4拍子のリズムで、順番に繰り返して行います。チェンジの合図で、同じようにして、今度は右足を前後、左足を左右に動かして行います。

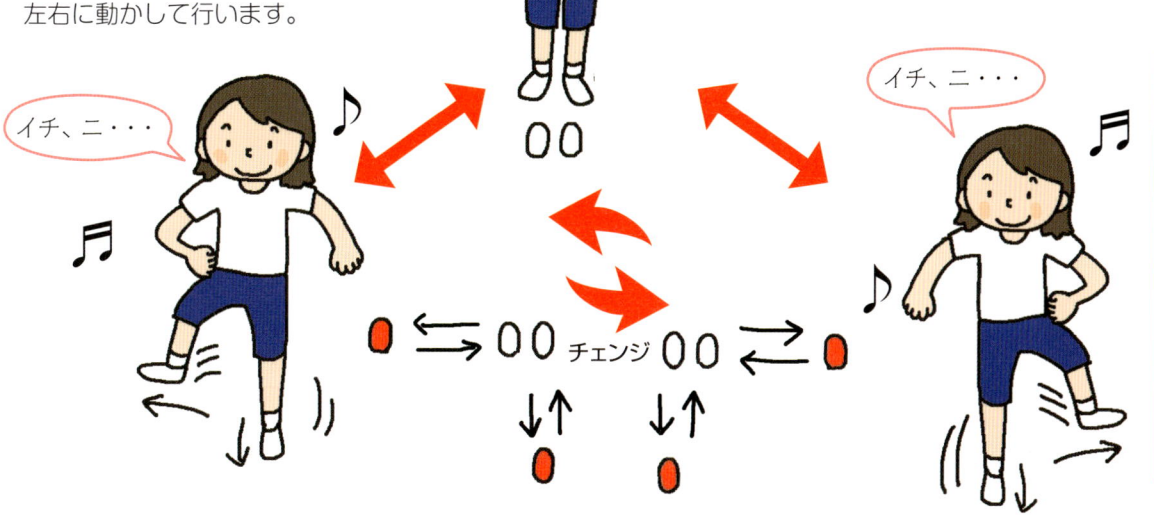

イチ、ニ・・・

チェンジ

イチ、ニ・・・

足と腕の両方を使って

『右足を前に→左足を前に→右足を後ろに→左足を後ろに(元の位置)』これを4拍子のリズムで繰り返します。チェンジの合図で足を止め、今度は両腕を『縮める→上に伸ばす→縮める→左右に伸ばす』これを4拍子のリズムで行います。

チェンジ

ここをチェック!

☑ 始めのうちは、手拍子でテンポを調節しながら行い、慣れてきたら音楽をかける。運動能力に応じて、アップテンポの音楽をかけるようにする。

ココがUP!

右手と左手で違う動作を一度に行うことにより、協応性が向上する。また、音楽にのせて行うことで、リズム感覚もアップする。

協応性

リズム感覚

その他
・チェンジ・ザ・リズム♪

中学年 屋外 屋内 走る

目隠しをした後ろの人を上手く先導しよう

一心同体

前後に並んだペアの後ろの人が目隠しをし、前の人に先導されながら相手チームと帽子の取り合いをします。2人で息を合わせる運動で、協調性の向上に効果的です。

| 使用する道具 | 目隠し用タオル | 人数 | 大勢（12人以上） | 時間 | 3分 |

身に付く能力　身体バランス力　集中力　状況判断力　協調性

1 ペアの後ろの人は目隠しをする

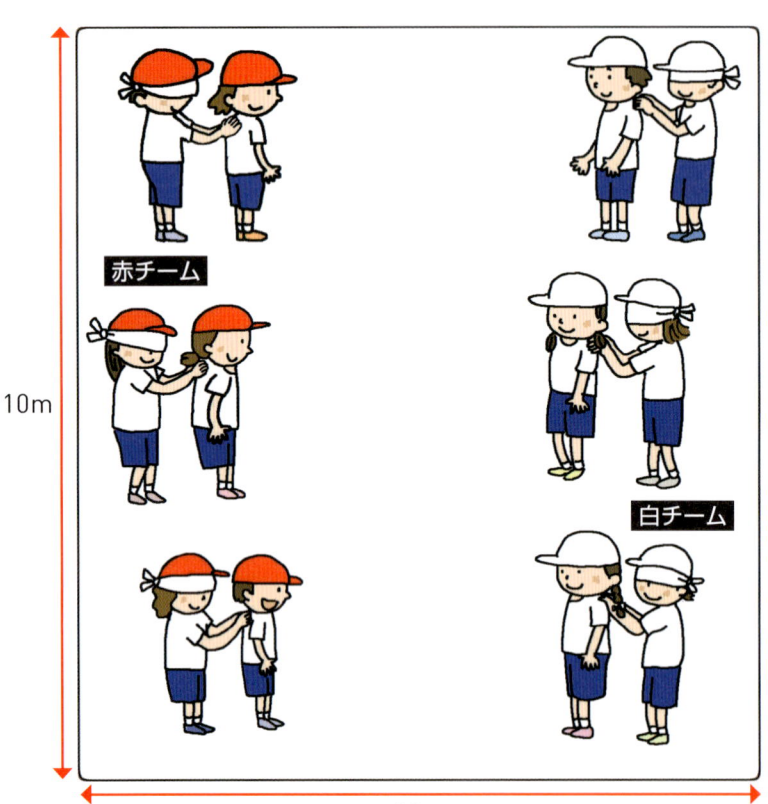

赤帽子の6人組、白帽子の6人組のチームに分かれ、さらにチーム内でペアを3組つくります。10m四方のコートに全員入ります。ペアで前後に並び、後ろの人が目隠しをして前の人の肩に手を置きます。

赤チーム　白チーム　10m　10m

ここをチェック！

- ☑ 運動能力に差がある2人組にして、コミュニケーションを図る。
- ☑ 目隠しをしているため、転倒に注意する。ゲームの前にペアで歩く練習をする。

2 相手チームの帽子を取れ！

先生の合図で、相手チームのペアの後ろの人の帽子を取りに、2人組の前の人が主導で走り出します。途中で、後ろの人と離れたらその場所に戻って再スタート。始めはゆっくり歩くようにして、徐々にスピードを上げるようにしましょう。

イチ、ニ
イチ、ニ

③ 帽子を取られたら、前後交代

後ろの人の帽子を取られたら、いったんコートの外に出ます。前後を交代して後ろの人が目隠しをしたら、コートに入って、再スタートすることができます。ただし、2人とも帽子を取られたら、コートの外に出て復活することができなくなります。制限時間は3分で、チームで取った帽子の数を競います。

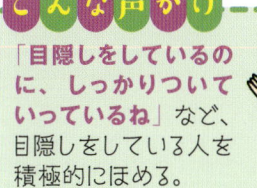

こんな声がけ

「目隠しをしているのに、しっかりついていっているね」など、目隠しをしている人を積極的にほめる。

走る・一心同体

（イラスト内のセリフ）
- ぼうしを取られちゃった
- 今度はわたしが先とうだね
- 手がはなれた！
- ゆっくり走って
- まてー

ココがUP!

後ろの人の手が離れないように、ペアの前の人は速さを調節して走るため、状況判断力や協調性が向上する。また、後ろの人は目隠しをして運動することで、身体バランス力が身に付く。

- 協調性
- 身体バランス力
- 状況判断力

中学年 屋外 屋内 跳ぶ

運搬者のフラフープにタイミングよくジャンプ!

ジャンプ地を確保せよ!

2人の運搬者が運ぶフラフープに、ジャンプで移動してボールを取りに行きます。協調性が身に付き、チームワークが必要なサッカーやバスケットボールなどの練習に最適です。

| 使用する道具 | ボール(玉入れの球など)2個・フラフープ4本 | 人数 | 6人以上 | 時間 | 5分 |

身に付く能力 タイミング力 敏捷性 集中力 状況判断力 協調性

1 エンドラインを越えないようにボールを投げる

3人組を2チームつくり、チームで投球者を1人、フラフープ運搬者を2人決めます。スタートラインから10m間隔にペナルティライン、エンドラインをつくります。まず、投球者がスタートラインに立って、エンドラインを越えないようにボールを投げます。エンドラインを越えた場合はペナルティラインにボールを置きます。このボールの位置が、相手チームがボールを取りに行く距離になります。つまり、エンドライン近くにボールを投げられたチームは有利になります。

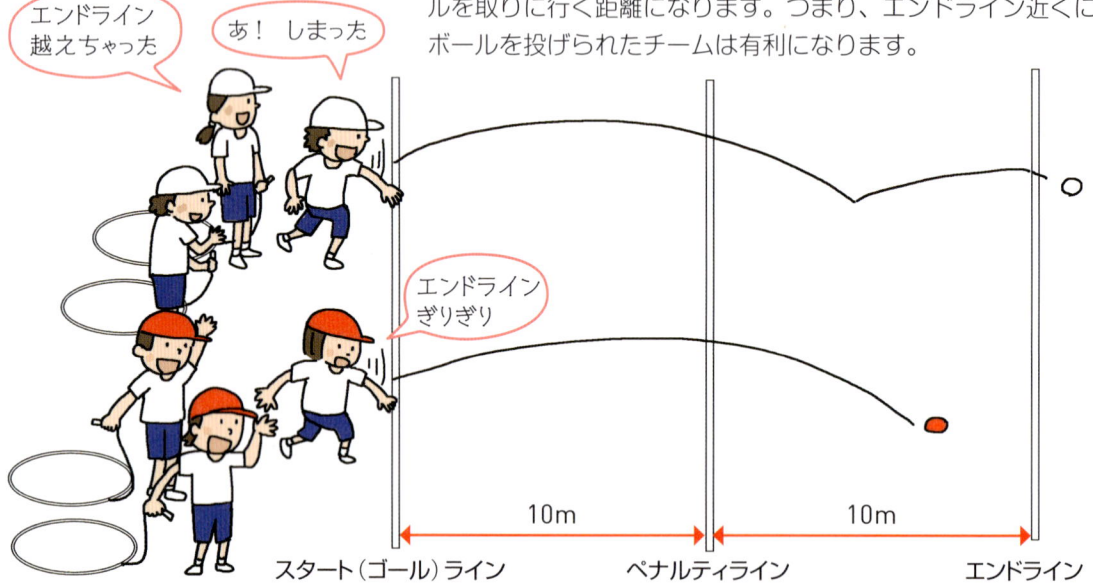

「エンドライン越えちゃった」
「あ！しまった」
「エンドラインぎりぎり」

スタート(ゴール)ライン ← 10m → ペナルティライン ← 10m → エンドライン

2 ボールを取りにジャンプで移動

先生の合図で開始。運搬者の1人は投球者がジャンプで届く位置にフラフープを移動させ、投球者はそこに両足ジャンプをします。もう1人の運搬者はさらにその先にフラフープを移動させて、投球者はそこに両足ジャンプ。これを交互に繰り返して、相手の投球者が投げたボールを取りに進みます。

スタート(ゴール)ライン

ここをチェック!

☑ フラフープになわとびを付けて運搬者が運びやすいようにする。フラフープがない場合は、古新聞紙を細長く丸めたものを4本つくり、それぞれが四角形の一辺になるようにテープでとめて、それになわとびを通したもので代用する。

③ 失敗した場合はやり直す

投球者がフラフープ内に着地できなかった場合や、両足ジャンプができなかった場合は、失敗した地点に戻ってやり直します。早くボールを持ってゴールラインに戻れたチームの勝ちです。投球者とフラフープ運搬者を交代して3回戦を行いましょう。

こんな声がけ
「チームで声をかけ合おうね」など、コミュニケーションを図る。

跳ぶ
・ジャンプ地を確保せよ！

フラフープに着地できなかったら、元の位置から再スタート！

ボールを取ったよ！

よし！ゴールに行こう！

とどかなかった

ごめん。はなしすぎちゃった

スタート（ゴール）ライン　　ペナルティライン　　エンドライン

ココがUP!
フラフープ運搬者と投球者がお互いに調整しながらフラフープを動かし、ジャンプしていく。状況判断力とタイミング力、協調性、集中力などが複合的に向上する。

集中力　協調性　タイミング力　状況判断力

アレンジしてみよう
→ フラフープ運搬者を3人にしたり、移動を片足ジャンプにしたりして難易度を変える。

中学年

屋外 屋内 その他

4人で協力して宝を運ぼう！
宝を持って川をわたれ

コートを川、新聞紙を船、ペットボトルを宝に見立て、4人で船に乗って川を渡り、宝を向こう岸まで運ぶゲームです。チームワークの勝負になります。

| 使用する道具 | 古新聞紙6枚・1Lペットボトル12本 | 人数 | 12人以上 | 時間 | 5分 |

身に付く能力 筋力 身体バランス力 タイミング力 集中力 協調性

1 漕ぎ手、運搬者を決めよう！

4人組を3チームつくり、それぞれのチームに新聞紙2枚、水の入ったペットボトルを4本用意します。チームで、新聞紙を扱う漕ぎ手を1人、ペットボトルを持って移動する運搬者を3人決めます。スタートラインから10～15m離れたところにゴールラインをつくり、全員スタートラインに並び、運搬者はペットボトルを手分けして持ちます。

ここをチェック！

- ☑ 容量が1Lのペットボトルの中に水を入れて重くする。運動能力に応じて、水の量を調節する。
- ☑ ペットボトルを持っている人が疲れたら、交換する相談をするなど、コミュニケーションを図る。

10～15m
スタートライン

「ペットボトルが重い」
「これで進める」
「1本持つよ」
Bチーム

2 新聞紙に乗って移動

先生の合図で、まず、漕ぎ手が広げた1枚目の新聞紙に全員で乗り、2枚目の新聞紙を進行方向に離して置いて、2枚目の新聞紙に全員で乗り移ります。次に、1枚目の新聞紙を拾って同じようにして進行方向に置いて、ゴールまで繰り返して進みます。

Cチーム

3 失敗したら10秒止まる

ペットボトルを落としたり、新聞紙から1人でも足が出てしまったりすると失敗で、10秒止まります。早く全員がゴールできたチームが勝ちです。

ココがUP! 協調性 / 筋力

新聞紙2枚の狭い範囲に4人が乗って移動することにより、身体バランス力や協調性が身に付く。また、水の入ったペットボトルを扱うので、手首、腕周りの筋力が発達する。

こんな声がけ

「もう少し前に移動しないと後ろの人が入れないよ」など、進行が遅いチームにアドバイスをする。

アレンジしてみよう

→ 新聞紙を3枚に増やす、コートの長さを変えるなどで難易度を調節する。

その他
・宝を持って川をわたれ

10秒止まろう

Aチーム

落としてしまった

ゴールライン

おっと

わっ!!

ペットボトルを落としたり、新聞紙から出たりしたらその場で10秒止まるんだよ

中学年

屋外 屋内

ヒューマンサッカー

ジャンケンで連続勝利してチームに貢献しよう！

チームでジャンケンをし、勝利を重ねて獲得した点を競います。走ることも多いので、持久力アップにも結び付きます。

走る

| 使用する道具 | なし | 人数 | 大勢 | 時間 | 5分 |

身に付く能力　持久力　タイミング力　敏捷性

1 先攻は1列、後攻は4列で向かい合う

10人組を2チームつくり、先攻・後攻を決めます。先攻チームが横1列に並びます。後攻チームは先攻チームと向かい合い、1列目から4人、3人、2人、1人と4列に並びます。

4列目
3列目
2列目
1列目

後攻チーム

10m

スタートライン

先攻チーム

2 1列目にジャンケンで勝ったら次の列に進む

先攻チームは先生の合図でいっせいに駆け出し、後攻の1列目から順番にジャンケンをしていきます。先攻側が勝てば次の列の人とジャンケンができます。負けた人は走ってスタートに戻り、再度チャレンジします。

負けた
次に進むぞ
勝負よ
ジャンケン…

88

3 4列目に勝って1点

先攻の誰かが4列目の人に勝てばゴールで、1点となります。つまり、1列目から4人に連続で勝って1点です。制限時間を2分程度とし、先攻・後攻を交代します。得点の多いチームが勝ちです。

こんな声がけ

「3列目まで進んだよー」など、進行状況を声がけすることにより、意欲を引き出す。

走る・ヒューマンサッカー

スタートライン

ココがUP!

ジャンケンの勝敗によっては、往復20mを何度も走ることになる。楽しみながら持久力や敏捷性が身に付く。

持久力
敏捷性

アレンジしてみよう

- 能力に応じて、スタートラインから1列目まで片足跳び、あるいは後ろ向きで移動する。
- 後攻4列目の人は、勝った人にトランプなどを渡すようにすると、得点がわかりやすくなる。
- 対戦ごとに後攻側は陣形を考えさせて、コミュニケーションを図る。

中学年 屋外 屋内

走る

サークル・リレー
円を1周して、チームにハイタッチ！

円を1周走ったら、チームメイトでハイタッチのリレーをします。走る運動と活発なコミュニケーションがテンポよく展開されます。

| 使用する道具 | なし | 人数 | 16人以上 | 時間 | 5分 |

身に付く能力　身体バランス力　敏捷性　協調性

1 円の4方向にチームで並ぶ

4人組を4チームつくります。直径10～15mのセンターサークルから4方向に3mの間隔を空け、その地点を先頭に各チーム1列に並びます。

ここをチェック！
- ☑ 走者がどこのチームかわかるようにゼッケンをつけたり、どこが勝っているかを明確にするためにアンカーには帽子をかぶせたりするなど工夫する。
- ☑ チームを組むときに、運動能力が平均的になるように調整する。

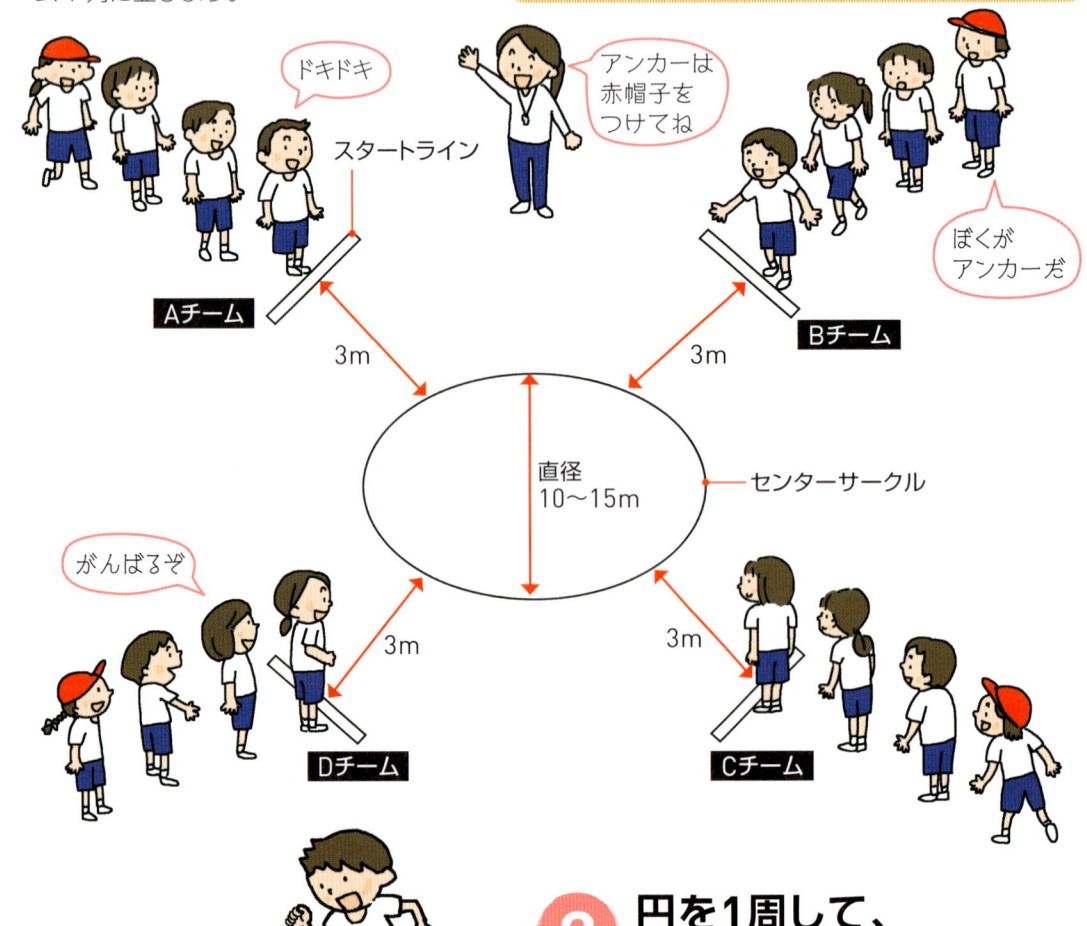

（ドキドキ）スタートライン　Aチーム
アンカーは赤帽子をつけてね
ぼくがアンカーだ　Bチーム
3m　3m
直径10～15m　センターサークル
がんばるぞ　Dチーム
3m　3m
Cチーム

2 円を1周して、最後尾の人にハイタッチ

先生の合図で各チームの先頭の1人がいっせいに走り始めます。中央の円を反時計回りに1周してチームの列の最後尾の人にハイタッチ（お互い手を上げてタッチ）をします。

センターサークル

③ 先頭までハイタッチをつなぐ

ハイタッチされた人は後ろから順に前の人にハイタッチをしてつなぎます。先頭の人はタッチを受けたらスタートします。これを繰り返し、チームの最後の走者が最後尾の人にハイタッチしたら、同じようにして後ろから前の人へとハイタッチをしていきます。先頭までタッチしたところで、チーム全員がその場にしゃがみます。どのチームが早くしゃがめるかを競います。

こんな声がけ

「前に走ったときより、早くなっているよ！」など、他の子どもと比べるのではなく、子ども自身の成長をほめるようにする。

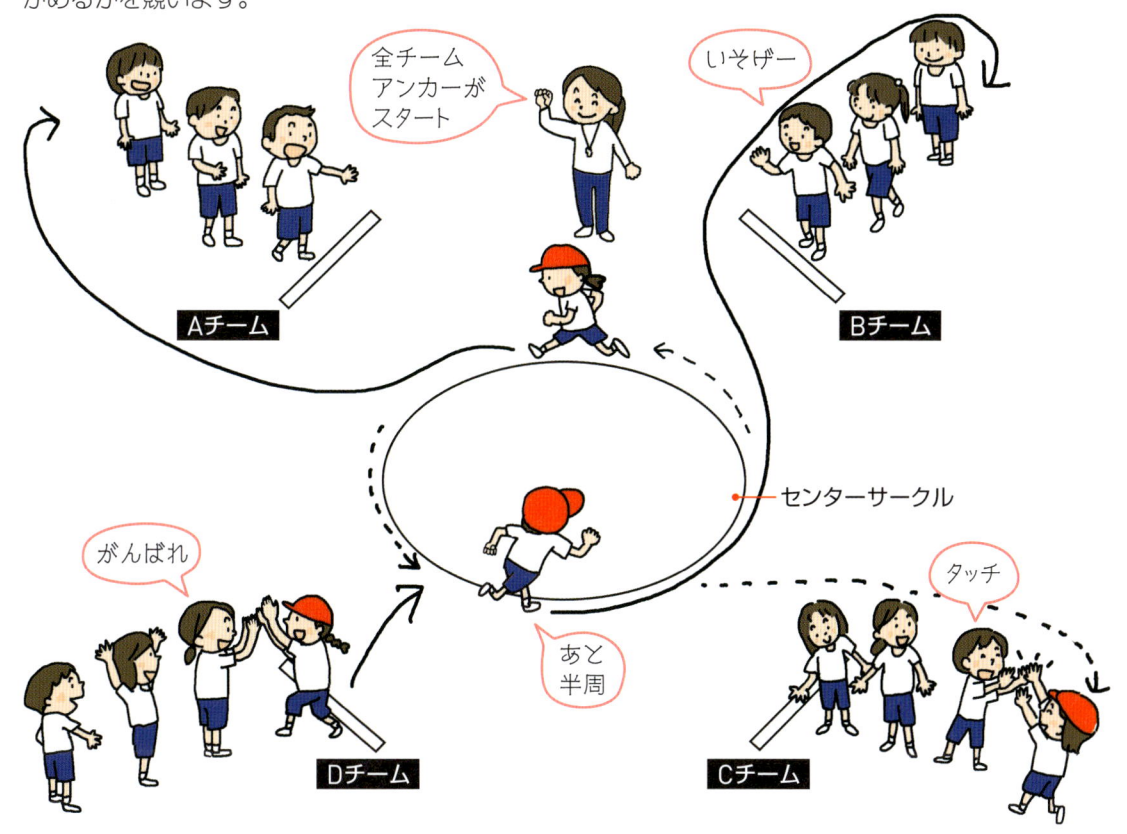

- Aチーム
- Bチーム（いそげー）
- センターサークル
- Dチーム（がんばれ／あと半周）
- Cチーム（タッチ）
- 全チームアンカーがスタート

ココがUP!

チームプレイと円の外周を走ることにより、協調性や敏捷性、身体バランス力が向上する。

- 協調性
- 敏捷性
- 身体バランス力

アレンジしてみよう

- ハイタッチのとき「がんばっていきましょう！」などの声がけをさせ、コミュニケーションを図る。
- 1回戦目と2回戦目で円の回り方を反対にする。
- ボールを用いて、腕や足を使ったドリブルによって競争する。

センターサークル

走る・サークル・リレー

中学年

屋外 屋内

走る

スキを見つけ、タイミングよく走ってタッチ！
タッチして戻れ

相手の陣地に入って、誰か1人をタッチし、自分は他の人にタッチされないように自陣に戻るゲームです。状況をよく見て判断し、タイミングよく動けるかどうかが勝敗の鍵です。

| 使用する道具 | なし | 人数 | 16人ほど | 時間 | 5分 |

身に付く能力　タイミング力　敏捷性　集中力　状況判断力

1 2チームで各陣地に分かれる

8人組を2チームつくります。5〜10×10〜20mのコートの中央にセンターラインを引き、両チーム陣地に分かれて入ります。

白チーム　　　　　センターライン　　　　　赤チーム

5〜10m

10〜20m

あ！　タッチ　じん地にもどれたら1点だ

2 タッチして陣地に戻れ

先生の合図で始め、両チームは相手陣地に入って、誰か1人をタッチして戻ります。これで1点です。相手の陣地に入れるのは2人までです。タッチされた人はその場で動けなくなります。

センターライン

3 相手陣地で2人にタッチされるとストップ

一方、相手の陣地に入ったときに、誰か2人にタッチされると、その場で動けなくなります。1回の攻撃時間は1分間で、2人とも動けなくならない限りは何度でも相手の陣地に入ることができます。3回戦行い、得点の多いチームの勝ちです。

こんな声がけ
「陣地に入る前に相手チームの動きをよく見るといいよ」など、アドバイスをして、状況判断力を身に付けるように促す。

- タッチされたから動けない
- 今だ！
- タッチ
- 2人にタッチされてしまった！
- 逃げて
- センターライン

ココがUP!
相手チームにタッチされないように、スキを見て素早く動く。敏捷性はもちろん、タイミング力、集中力、状況判断力が向上する。

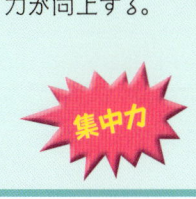

敏捷性 / **集中力** / **状況判断力**

ここをチェック!
- ☑ チームで作戦を立ててから行い、コミュニケーションを図る。
- ☑ チームの編成は、運動能力が均等になるようにする。

アレンジしてみよう
→ 慣れてきたら、移動はスキップや両足ジャンプにして、難易度を上げる。

走る・タッチして戻れ

中学年

屋外 屋内

走る

ペアで交互に「止まって」「走って」
つながって交互に走れ

ボールを付けたロープを2人で持って、ボールを地面につけないように運びます。
2人が息をぴったり合わせて、タイミングよく進むことが重要なゲームです。

| 使用する道具 | ボール2個・ビニール袋2枚・ロープ2本 | 人数 | 大勢(4人以上) | 時間 | 3分 |

身に付く能力　タイミング力　巧緻性　敏捷性　協調性

1 先頭はロープを持ってスタンバイ

2チームに分かれ、チームで2人組をつくります。ボールを入れたビニール袋の取っ手に通したロープをチームに1本ずつ用意します。スタートラインに並んだ先頭の2人組は、ビニール袋が中心になるように、ロープの両端部分を持ちます。

ここをチェック！

- バレーボールなどの大きさのボールが入るくらいのビニール袋を用意する。ただし、大きすぎると、地面につきやすくなるので注意する。

ビニール袋／ボール

20～30m

スタート(ゴール)ライン　　折り返しライン

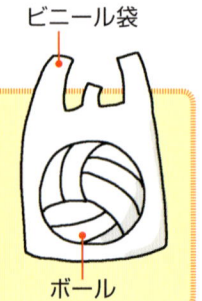

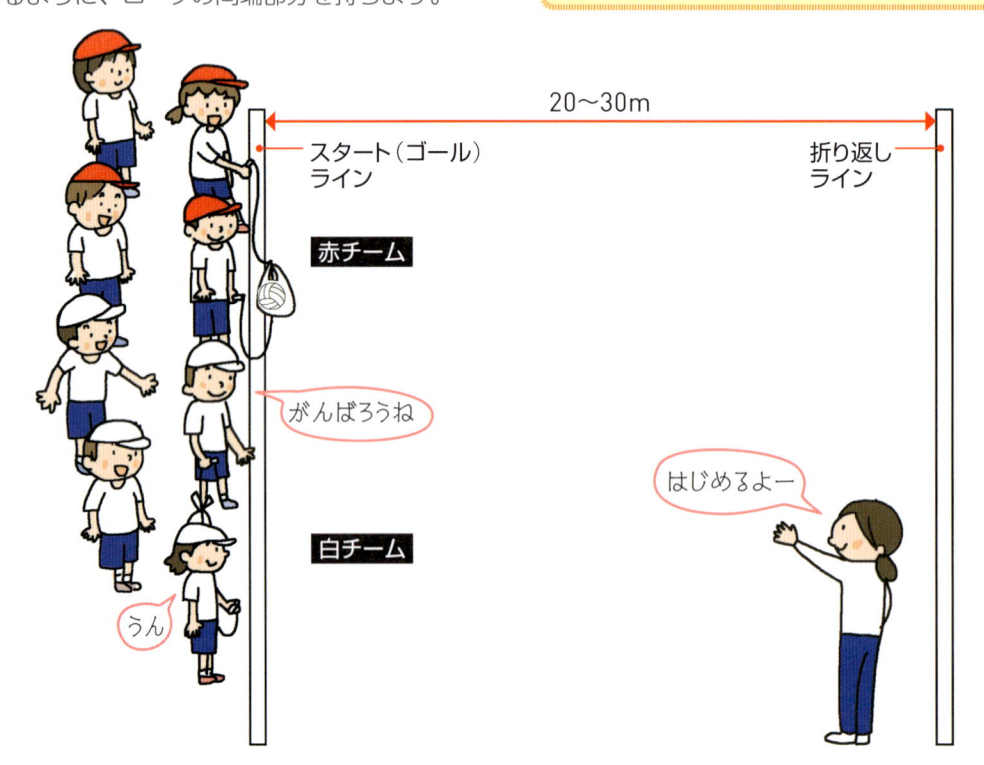

赤チーム　　白チーム

「がんばろうね」「うん」「はじめるよー」

2 手を上げたら、反対の人が走る

先生の合図で、2人組の1人がある程度走り、止まったらロープを持った手と逆の手を上げて、それを合図にもう1人が走り出します。止まったら手を上げ、また反対の人が走ります。これを繰り返して進みます。

３ ビニール袋が地面についたら戻って再スタート

2人組で交互に走り、2人が折り返しラインについたらその場で振り返り、ロープを持つ手を左右反対にします。こうして折り返し、再び同じようにして走ってゴールを目指します。ただし、途中でビニール袋が地面についたら、その地点から5mほど後ろに2人で戻ってから再スタート。先にゴールした2人組が多いチームの勝利です。

こんな声がけ

「ロープを引っ張るようにして持つと、（ロープがたゆまないので）地面につかなくなるよ」など、アドバイスをする。

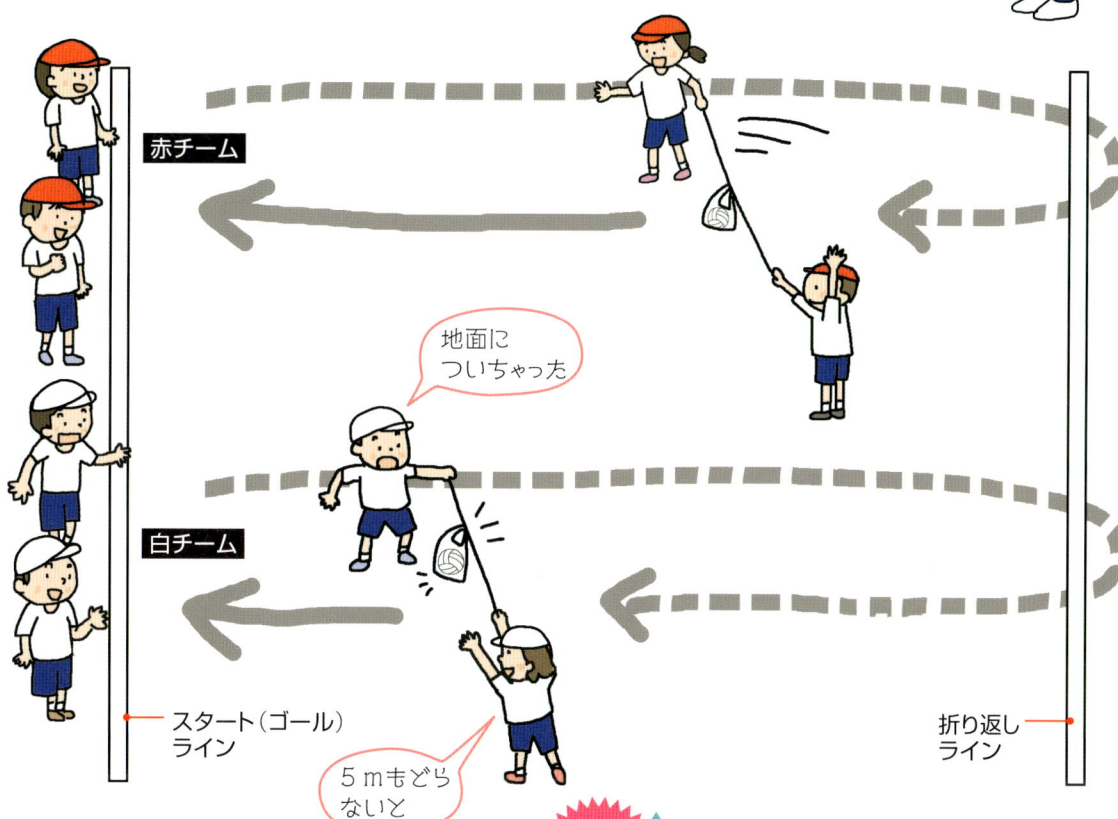

赤チーム

地面についちゃった

白チーム

スタート（ゴール）ライン

折り返しライン

5mもどらないと

ココがUP!

走って、止まって、手を上げてを2人組で交互に行いながら素早く移動するため、敏捷性やタイミング力、協調性が身に付く。

タイミング力　敏捷性　協調性

アレンジしてみよう

- ゴールラインで次の2人組にロープを渡してチームで早さを競う、リレー形式にしてもよい。
- ボールの代わりに、水の入った1Lペットボトルを入れて重くし、腕周りの筋力アップを図ってもよい。

走る・つながって交互に走れ

中学年 屋外 屋内 走る

バケツからバケツに水をこぼさず運べ
まわれ 水！

バケツの水をコップですくって、こぼさないように別のバケツに運びます。
特に集中力、協応性のトレーニングに最適です。

使用する道具 バケツ6個・プラスチックコップ6個　**人数** 6人　**時間** 5分

身に付く能力 持久力　身体バランス力　巧緻性　協応性　集中力

1 水を入れたバケツと空のバケツを置く

5mのスタートラインの両端に空のバケツB、Cを置きます。スタートラインから5m離れた位置に水を入れた3個目のバケツAを置きます。これを、2チーム分用意します。3人組を2チームつくり、全員、コップを持ってスタートラインに並びます。

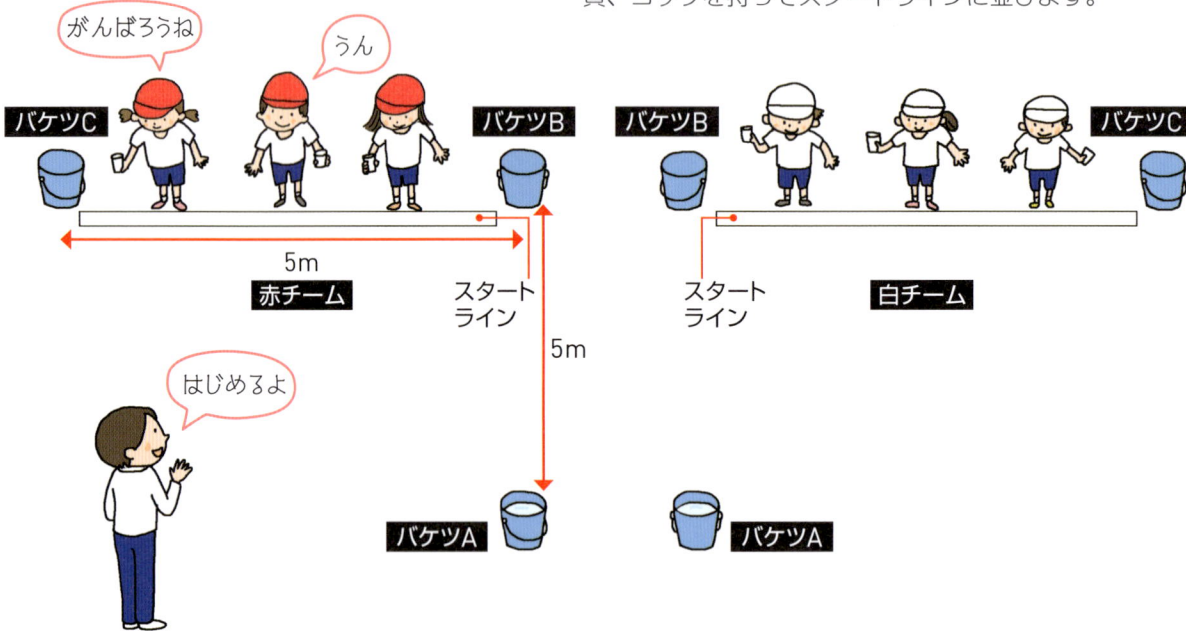

「がんばろうね」「うん」
バケツC　バケツB　バケツB　バケツC
5m　赤チーム　スタートライン　スタートライン　白チーム
5m
「はじめるよ」
バケツA　バケツA

2 バケツA→B→Cの順に水をすくって運ぶ

先生の合図で、全員でチームのバケツAに走ります。バケツAの水をコップにすくって、バケツBに運びます。最終的にバケツCに運びますが、必ずいったんバケツBに入れてからバケツCに移さなければいけません。

バケツB
「いそげ！」
「こぼさないように」
バケツA

こんな声がけ
「バケツAの水を全部Cに運ぶことができるかな」など、やる気を起こすような声がけをする。

3 バケツCの水の量で勝負！

制限時間の5分間で、最終的にバケツCに入っている水の量が多いチームの勝ちです。各チームのバケツの重さを量って比べましょう。

ここをチェック！

☑ 始めの2分間は、3人でバケツBに、次の2分間は2人でCに、最後の1分間は全員でCに水を運ぶようにするなど、作戦を立てさせてコミュニケーションを図る。また、あえて作戦を立てる時間を与えずにその場の状況判断で行うのもよい。

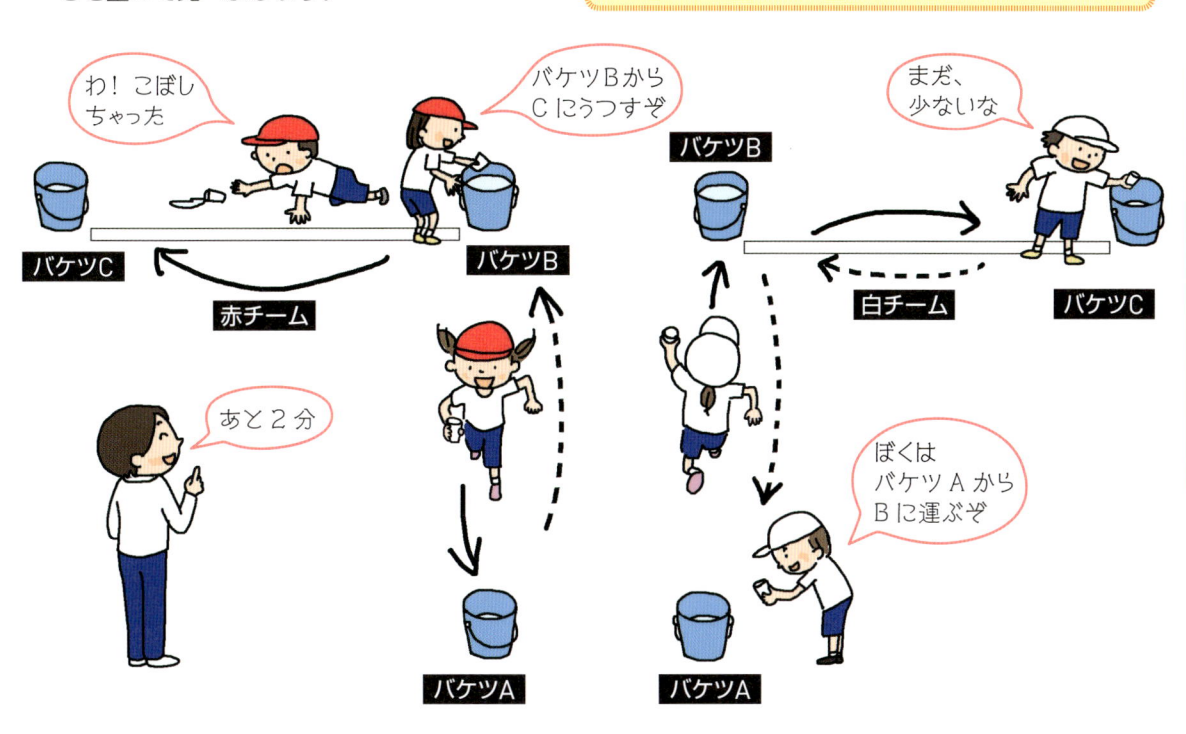

走る・まわれ水！

「わ！こぼしちゃった」
「バケツBからCにうつすぞ」
「まだ、少ないな」

バケツC　赤チーム　バケツB
バケツB　白チーム　バケツC

「あと2分」

「ぼくはバケツAからBに運ぶぞ」

バケツA　バケツA

ココがUP！

水をこぼさないように走って運ぶとき、下半身は動き、上半身は動かさないようにしている。身体バランス力や集中力の他、体の各部で多様な動きができる協応性が身に付く。

協応性
身体バランス力

アレンジしてみよう

→ 運動能力に応じて、コップを2個持って行うようにする。
→ 慣れてきたら、バケツとバケツの間にカラーコーンを置き、行路を変えて難しくする。

カラーコーン
バケツB　バケツC

バンブージャンプ

中学年 屋外 屋内 跳ぶ

リズムよく棒を動かし、リズムよくジャンプ

2人で持った2本の棒が閉じたり開いたりするのを、リズムよくジャンプしてよけます。棒を動かす人とジャンプする人で息をぴったり合わせて行うゲームです。

使用する道具	棒（物干し棒など）2本・竹（または木など）2本
人数	3人
時間	2分
身に付く能力	身体バランス力　タイミング力　集中力

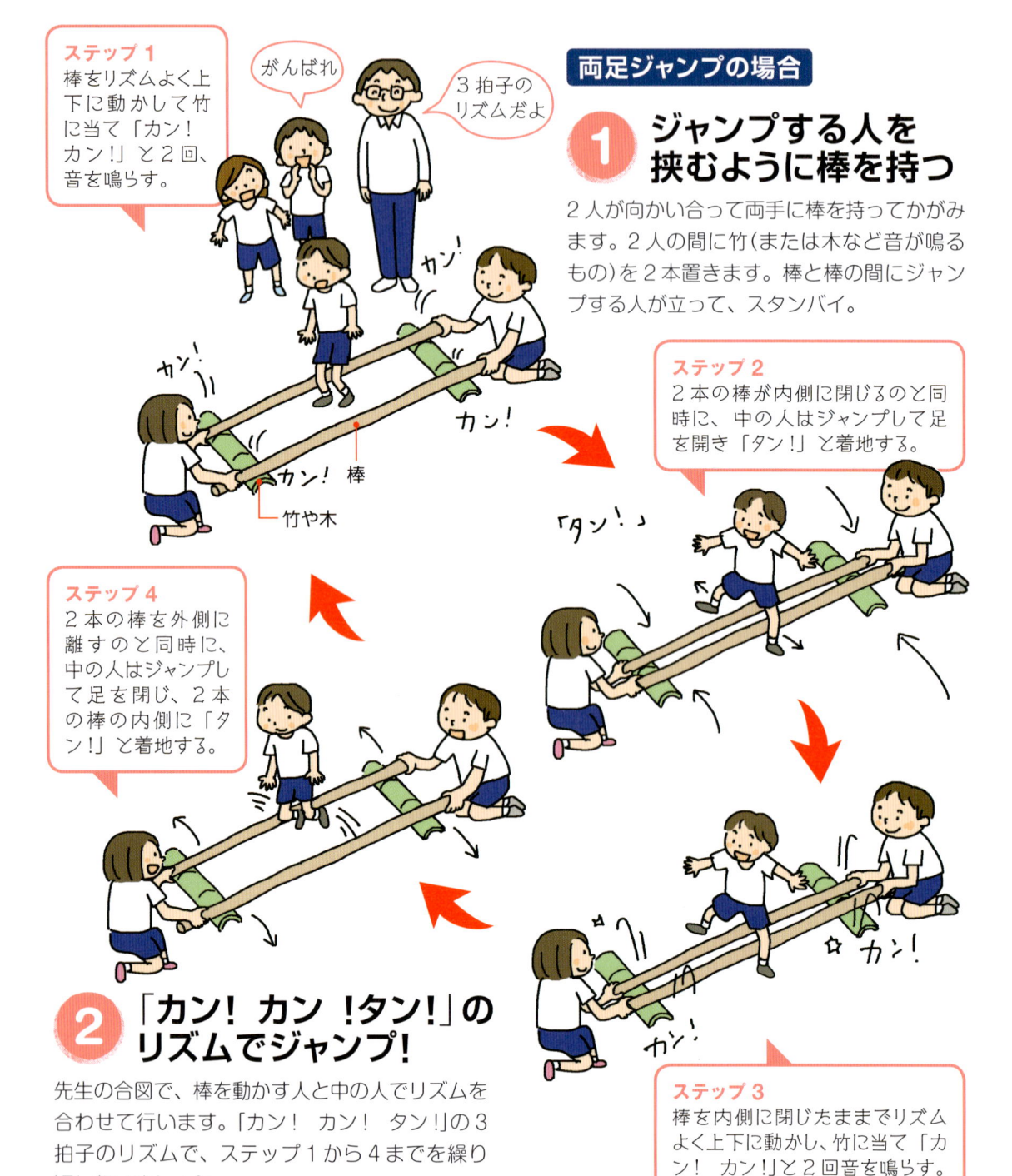

両足ジャンプの場合

1 ジャンプする人を挟むように棒を持つ

2人が向かい合って両手に棒を持ってかがみます。2人の間に竹（または木など音が鳴るもの）を2本置きます。棒と棒の間にジャンプする人が立って、スタンバイ。

ステップ1
棒をリズムよく上下に動かして竹に当て「カン！カン！」と2回、音を鳴らす。

「がんばれ」「3拍子のリズムだよ」「カン！」「カン！」「カン！」「カン！　棒」「竹や木」

ステップ2
2本の棒が内側に閉じるのと同時に、中の人はジャンプして足を開き「タン！」と着地する。

ステップ3
棒を内側に閉じたままでリズムよく上下に動かし、竹に当て「カン！カン！」と2回音を鳴らす。

ステップ4
2本の棒を外側に離すのと同時に、中の人はジャンプして足を閉じ、2本の棒の内側に「タン！」と着地する。

2 「カン！カン！タン！」のリズムでジャンプ！

先生の合図で、棒を動かす人と中の人でリズムを合わせて行います。「カン！　カン！　タン！」の3拍子のリズムで、ステップ1から4までを繰り返し行いましょう。

片足ジャンプの場合

1 「ブン！ チャ！ チャ！」のリズムでジャンプ！

両足ジャンプと同じようにしてスタンバイします。先生の合図で、棒を動かす人と中の人で息を合わせて行います。「ブン！ チャ！ チャ！」のリズムで、ステップ1から6までを繰り返し行いましょう。

> **ここをチェック！**
> - ☑ 棒の代わりにペットボトル2本になわとびをつけ、竹の代わりに水を入れたペットボトルを使う。
> - ☑ 始めは、棒なしでジャンプだけを練習し、慣れてきてから棒を使って行うようにする。

跳ぶ・バンブージャンプ

ステップ 1
棒が「ブン！」と内側に閉じるのと同時に、ジャンプして棒の右側に右足で着地する。

ステップ 2
棒が「チャ！」と外側に開くのと同時に、ジャンプして棒の内側に左足で着地する。

ステップ 3
棒が「チャ！」と上下に動くのと同時に、ジャンプして棒の内側に右足で足踏みする。

ステップ 4
棒が「ブン！」と内側に閉じるのと同時に、ジャンプして棒の左側に左足で着地する。

ステップ 5
棒が「チャ！」と外側に開くのと同時に、ジャンプして棒の内側に右足で着地する。

ステップ 6
棒が「チャ！」と上下に動くのと同時に、ジャンプして棒の内側に左足で足踏みする。

こんな声がけ
よく失敗する子どもに「せーの！ ブン…、チャ…、チャ…」など、テンポが遅くなるように先生がリズムをつくる。

ココがUP！
リズムよくジャンプすることにより、タイミング力が向上する。また、ジャンプして足を閉じたり開いたり（右、左と足を変えたり）するため、身体バランス力も上がる。

身体バランス力 / **タイミング力**

4面ドッジボール

味方も敵も陣地が2つのドッジボール!?

中学年 / 屋外 屋内 / 投げる

「田」の字型に引かれたコートでドッジボールをします。コートを上手く利用してボールを投げるようにしましょう。戦略性のあるゲームです。

| 使用する道具 | ドッジボール1個 | 人数 | 大勢（8〜20人） | 時間 | 5分 |

身に付く能力：タイミング力／巧緻性／集中力／状況判断力／協調性

1 「田」の字型にコートをつくる

1辺が7〜10mの正方形の真ん中に十字に線を引き「田」の字型のコートをつくり、中央の交点から1mの範囲をひし形にして、ニュートラルゾーンを設けます。4〜10人組のAチーム、Bチームをつくり、「田」の字型のコートの左上、右下にAチーム、右上、左下にBチームが入ります。2つの自陣の外側にそれぞれ、相手チームの1人以上が外野として入ります。チームでジャンケンをして、始めにボールを持つチームを決めます。

2 相手チームにボールを投げる

先生の合図で、ボールを1つでスタート。相手コートの誰かに、顔以外を狙ってボールを投げます。そのボールが当たったり、受けきれなかったりすると、外野になります。なお、外野から内野の人を当てることで内野に戻ることができます。対角線上にいる味方や外野へのパスをすることができます。

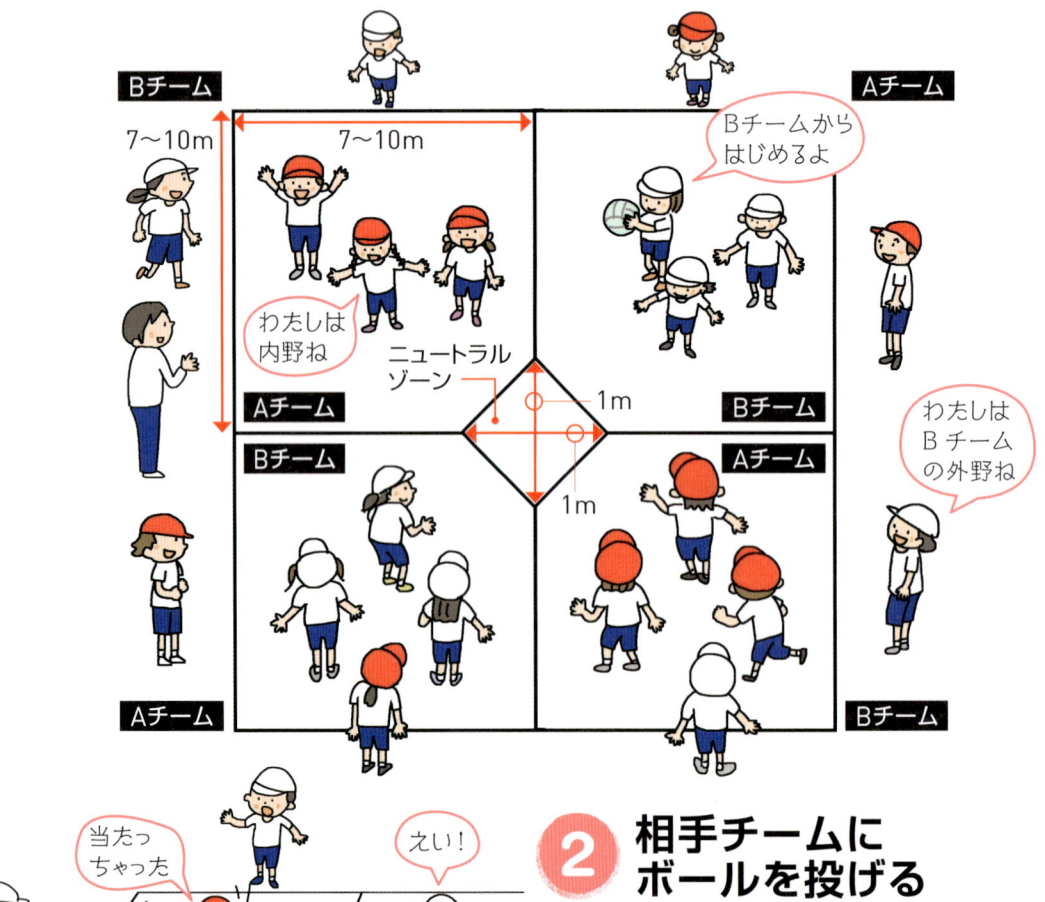

3 ニュートラルゾーンでコート間を移動

味方チームのコート間は、ニュートラルゾーンを通って移動できます。ボールを持っての移動もOK。相手のボールから逃げるためや、コートを大きく動いて相手チームをかく乱させるなど、ニュートラルゾーンを有効活用しましょう。制限時間の5分に達した時点で、内野の人数が多いチームが勝ちです。また、一方のチームの内野がいなくなった時点でもゲーム終了です。

ここをチェック！

- ☑ チーム編成は、運動能力が均等になるように調節する。
- ☑ 声をかけ合うようにして、コミュニケーションを促す。

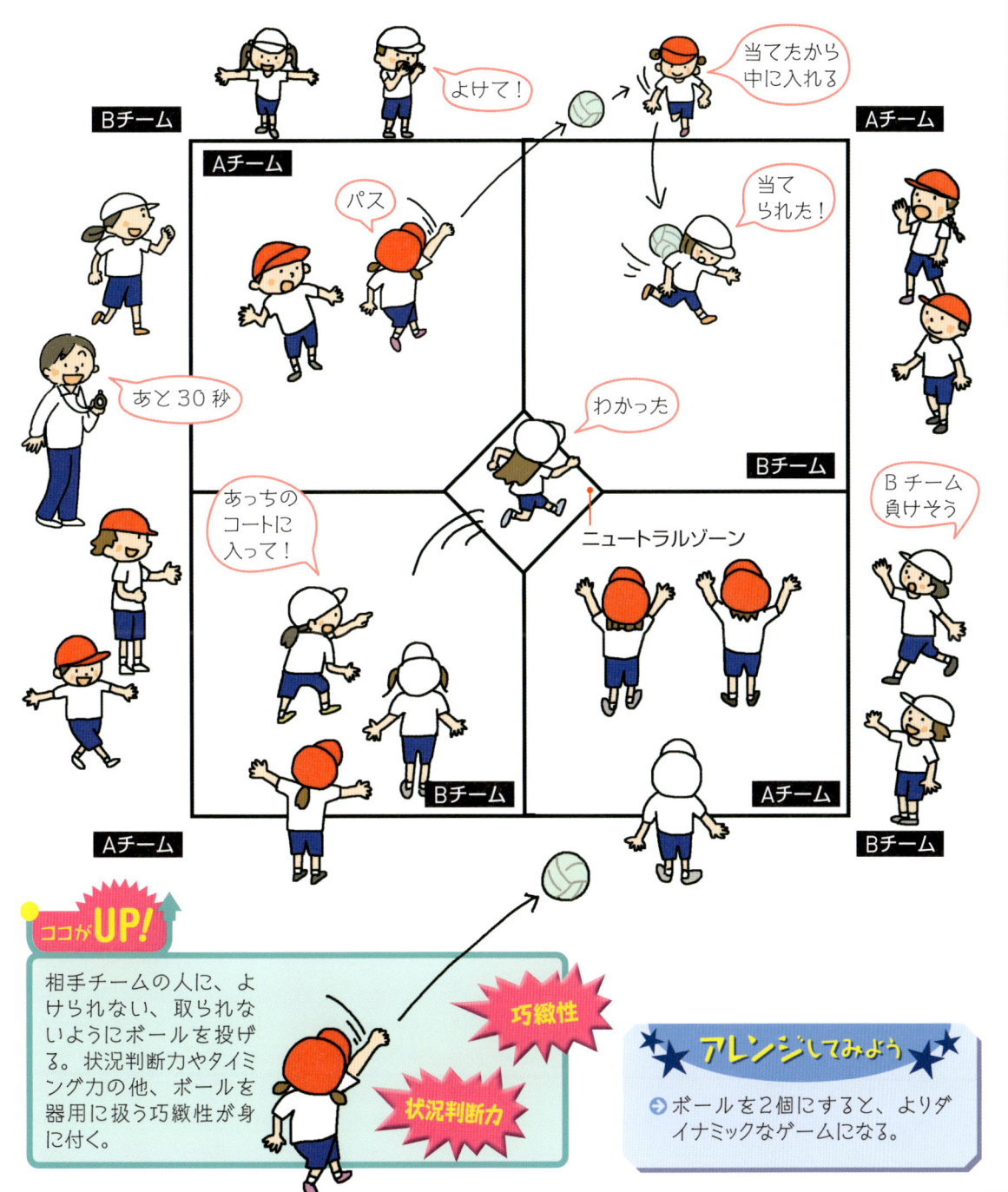

投げる・4面ドッジボール

Bチーム／Aチーム／Aチーム／Bチーム／Aチーム／Bチーム／Aチーム／Bチーム

「よけて！」「当てたから中に入れる」「パス」「当てられた！」「あと30秒」「わかった」「あっちのコートに入って！」「ニュートラルゾーン」「Bチーム負けそう」

ココがUP！

相手チームの人に、よけられない、取られないようにボールを投げる。状況判断力やタイミング力の他、ボールを器用に扱う巧緻性が身に付く。

巧緻性 ／ **状況判断力**

アレンジしてみよう

→ ボールを2個にすると、よりダイナミックなゲームになる。

中学年 屋外 屋内

打つ

四方八方から来るボールを防ごう
打球を弾く壁になれ

中心に置かれたカラーコーンに向かって円の外側から次々に蹴られてくるボールを防ぎます。ボールを正確に蹴るトレーニングになり、サッカーの練習に最適です。

使用する道具 サッカーボール24個・カラーコーン1本　**人数** 大勢（16人以上）　**時間** 3分

身に付く能力 タイミング力　巧緻性　集中力　状況判断力

1 キックライン、セーフティゾーンに並ぶ

半径13mの円のキックラインの中心に半径3mの円をかいてセーフティゾーンをつくり、中央にカラーコーンを置きます。8人組を2チームつくり、攻撃・守備を決めます。攻撃側はサッカーボールを1人3個ずつ持ち、内側を向いてキックラインに並びます。守備側は8人のうち4人が外側を向いてセーフティゾーンに立ちます。

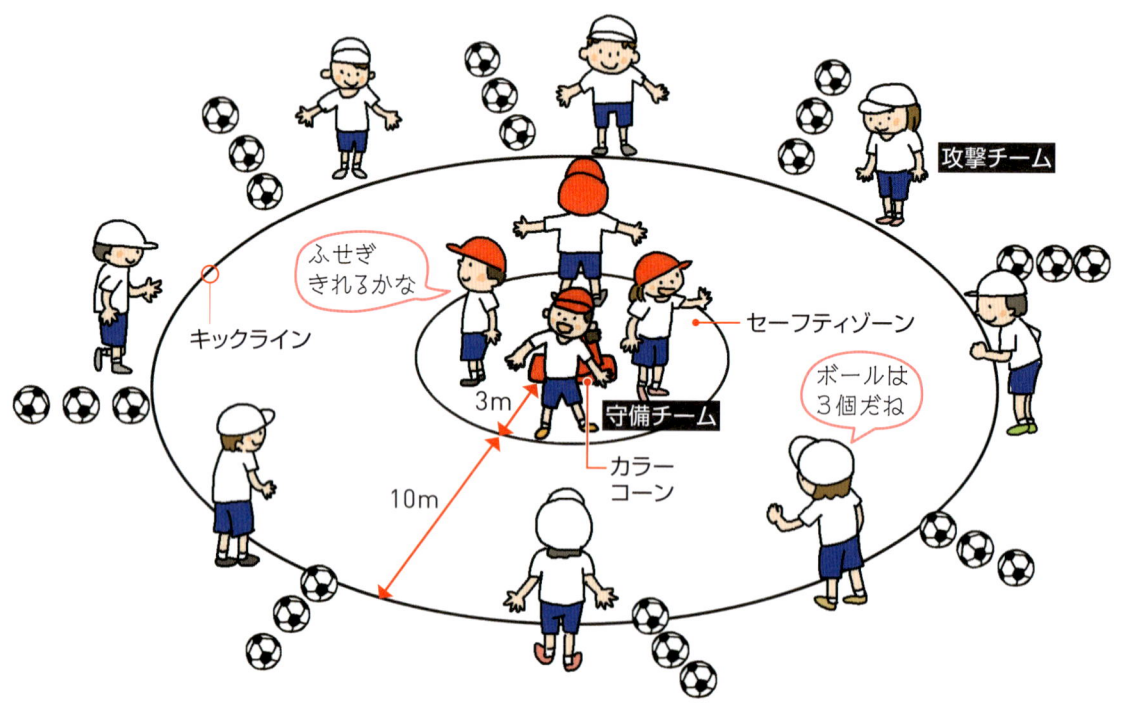

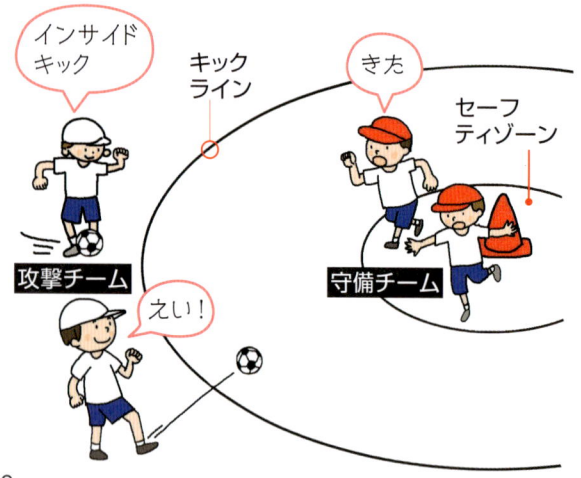

（図：キックライン、セーフティゾーン、カラーコーン、攻撃チーム、守備チーム、3m、10m、「ふせぎきれるかな」「ボールは3個だね」）

2 カラーコーンを狙ってインサイドキック！

先生の合図でスタートします。攻撃側は、カラーコーンを狙ってボールを足の内側（インサイド）で蹴り、地面を転がすようにして、浮かないように気をつけます。また、キックラインから内側に入ってはいけません。守備側は手や足を使ってそれをセーフティゾーン内で防ぎます。カラーコーンにボールが当たったら攻撃側の1点です。

（図：インサイドキック、キックライン、セーフティゾーン、攻撃チーム、守備チーム、「きた」「えい！」）

3 制限時間やボールがなくなったら交代

制限時間の3分間が経つか、攻撃側の全員がボール3個蹴り終わった時点で、攻撃・守備を交代します。2回戦、3回戦とカラーコーンを守る人を変えて繰り返し、最終的なチームの総合点数で競いましょう。

ここをチェック！

- ☑ 攻撃側は、強く蹴ることよりも守備側の動きをよく見て蹴るように促し、タイミング力の向上を図る。
- ☑ 両チームともに声をかけ合うようにし、コミュニケーションを促す。

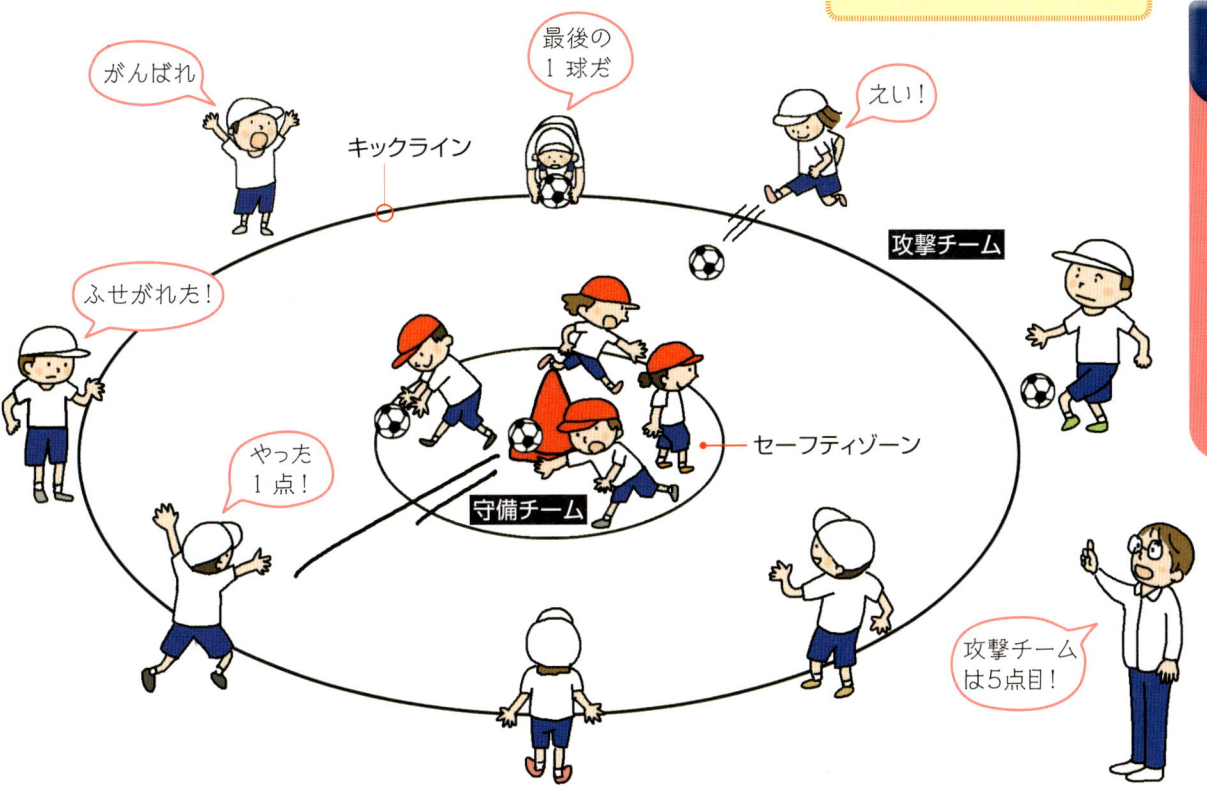

打つ・打球を弾く壁になれ

(イラスト内のセリフ)
- がんばれ
- 最後の1球だ
- えい！
- キックライン
- 攻撃チーム
- ふせがれた！
- やった1点！
- 守備チーム
- セーフティゾーン
- 攻撃チームは5点目！

こんな声がけ

「（守備側は）腰を深く落として、すぐに移動できる体勢を整えるといいよ」など、アドバイスをする。

アレンジしてみよう

→ 守備チームを3人にする、ボールを防ぐのに足を使ってはいけなくするなど、難易度を上げて行う。

ココがUP！

攻撃チームの8人からのボールを、守備チームの4人で右に左にと動いて防ぐ。集中力やタイミング力の他、状況判断力が身に付く。

- 集中力
- タイミング力
- 状況判断力

103

中学年 屋外 屋内 その他

「内側に引く力」「外側に引く力」勝つのはどっち!?
円形綱引き

円形にしたロープを先攻チームは内側、後攻チームは外側から持ち、それぞれ内側、外側にロープを引きます。普通の綱引きと違い、個人の能力がより際立つゲームです。

使用する道具 15〜20mほどのロープ(長縄でも可) **人数** 12人 **時間** 2分

身に付く能力 筋力 持久力 身体バランス力 タイミング力

1 円の内側、外側からロープを持つ

6人組を2チームつくり、先攻・後攻を決めます。直径3〜5mの円をかいてセーフティラインをつくります。この上にロープを円になるように結び、先攻チームがセーフティラインの中から外側を、後攻は外から内側を向いてそれぞれロープを持って立ちます。このとき、隣の人と均等な距離になるように調整します。隣の人との中心にリボンを付けます。

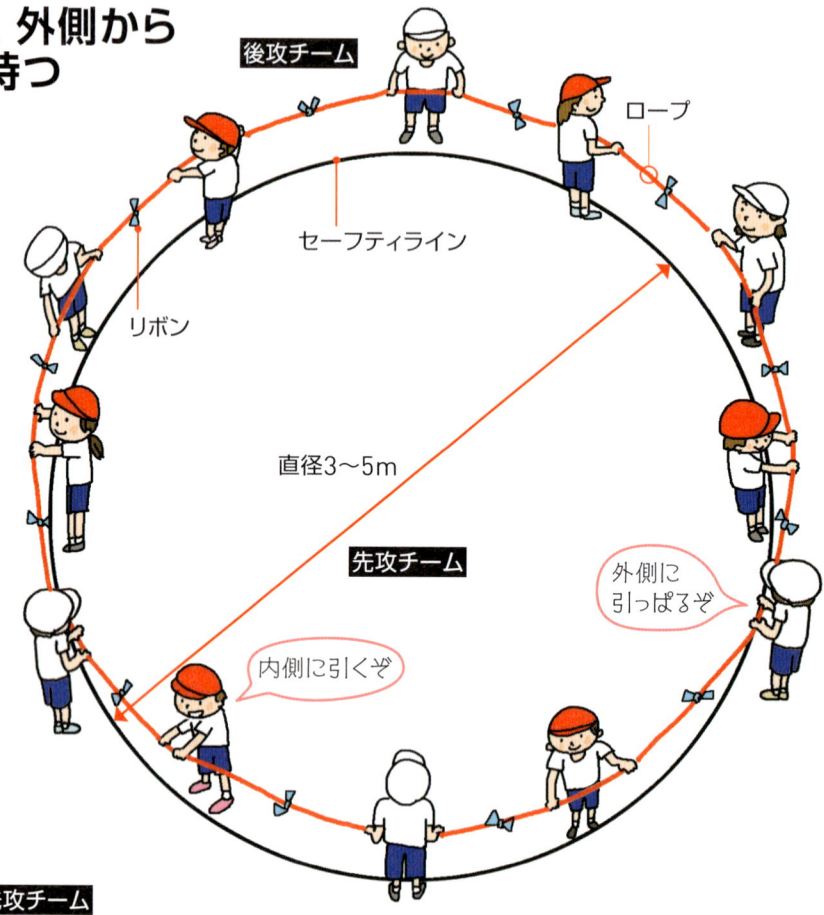

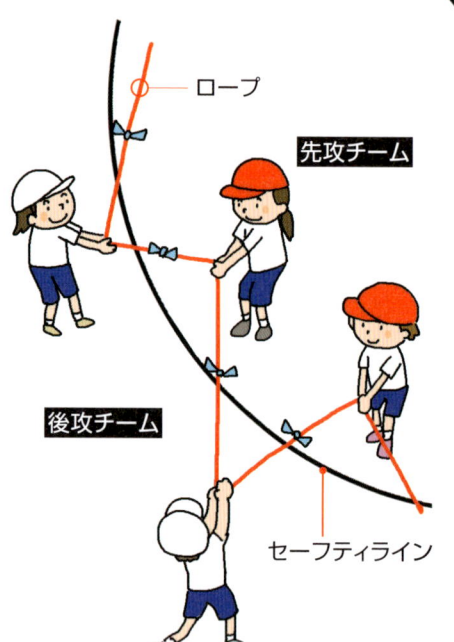

2 先攻は内側に、後攻は外側に引く

先生の合図で、先攻は内側に、後攻は外側にロープを引き込みます。

ここをチェック!
- ロープを乱暴に引っ張るとケガにつながるので注意する。
- ロープに負荷がかかるため、丈夫なロープを選び、結び目をきつく締めておく。

3 リボンの位置で勝負！

制限時間の1分が経ったときにセーフティラインの内側に後攻側が何人いるか数えます。次に先攻・後攻を交代して同じように行い、最終的により多くセーフティラインに引き込んだチームの勝ちです。

こんな声がけ

「先攻チームの方がやや勝っているよ。がんばれ後攻チーム！」など、状況を言って、やる気を上げる声がけをする。

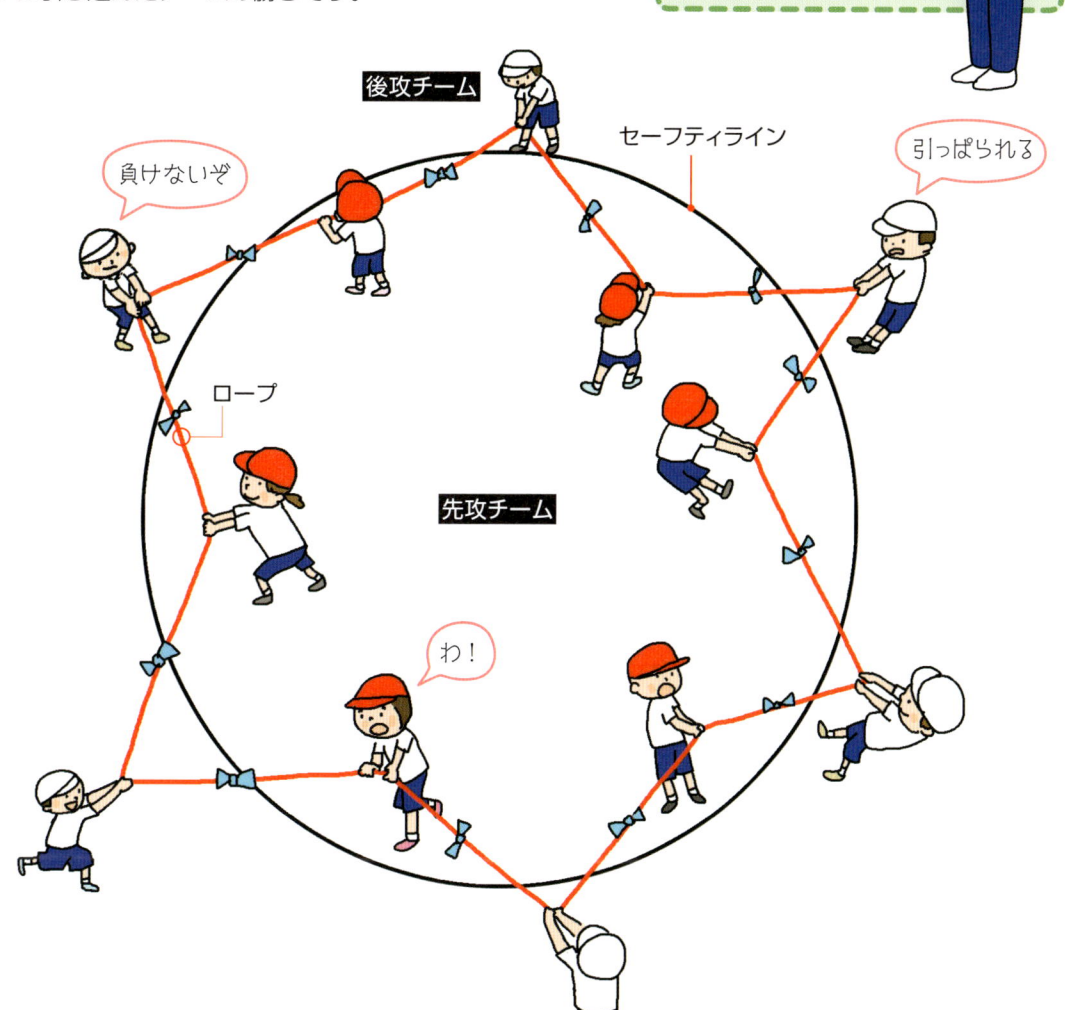

その他・円形綱引き

後攻チーム
セーフティライン
負けないぞ
引っぱられる
ロープ
先攻チーム
わ！

アレンジしてみよう

→ セーフティラインを二重にして外側のラインを越えて引き込めたら1点、内側のラインを越えたら2点として、合計点数で競うようにする。

ココがUP!

ロープを踏ん張って引くことにより、持久力や下半身、腕の筋力が向上する。また、ロープを右に左に引っ張られるため、身体バランス力もアップする。

持久力
筋力
身体バランス力

中学年 屋外 屋内 その他

まきまきマシーン

紙テープが切れないように全部巻き付けよう

2人組で、紙テープの両端を付けた2本のアルミホイルの芯を回して、紙テープを巻き付けていきます。集中力と2人のチームワークが試されるゲームです。

使用する道具 3m以上の長さの紙テープ4枚・アルミホイルの芯4本　**人数** 8人　**時間** 5分

身に付く能力 筋力　巧緻性　集中力　協調性

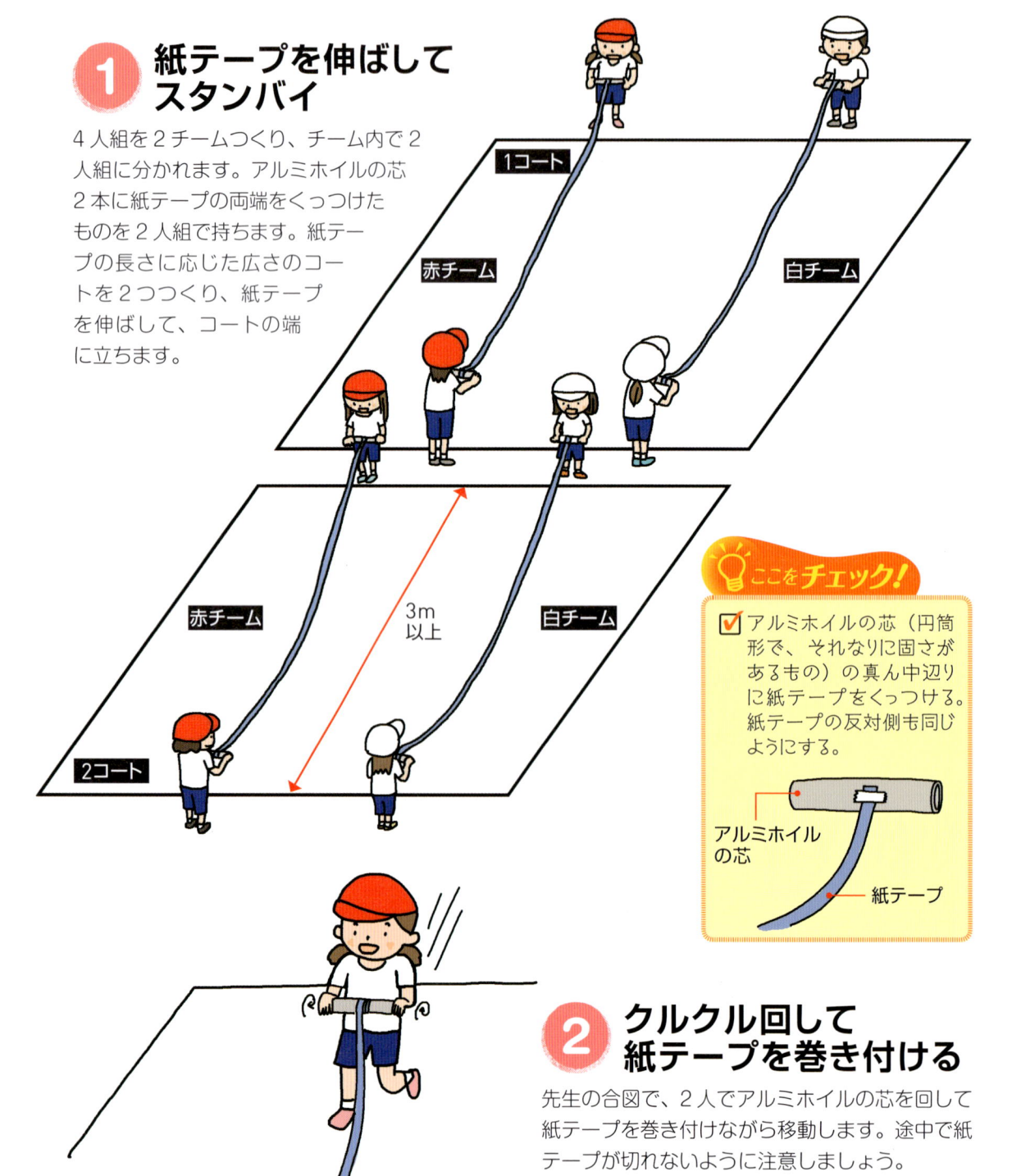

1 紙テープを伸ばしてスタンバイ

4人組を2チームつくり、チーム内で2人組に分かれます。アルミホイルの芯2本に紙テープの両端をくっつけたものを2人組で持ちます。紙テープの長さに応じた広さのコートを2つつくり、紙テープを伸ばして、コートの端に立ちます。

1コート　赤チーム　白チーム
3m以上
2コート　赤チーム　白チーム

ここをチェック！

- アルミホイルの芯（円筒形で、それなりに固さがあるもの）の真ん中辺りに紙テープをくっつける。紙テープの反対側も同じようにする。

アルミホイルの芯　紙テープ

2 クルクル回して紙テープを巻き付ける

先生の合図で、2人でアルミホイルの芯を回して紙テープを巻き付けながら移動します。途中で紙テープが切れないように注意しましょう。

③ 早く巻き付けられたら高得点

巻き付けた早さを競います。4ペアで、最も早く巻き付けられたら4点、2位は3点、3位は2点、4位は1点で、途中で紙テープが切れたら0点です。最終的にチームの総合点で勝負します。

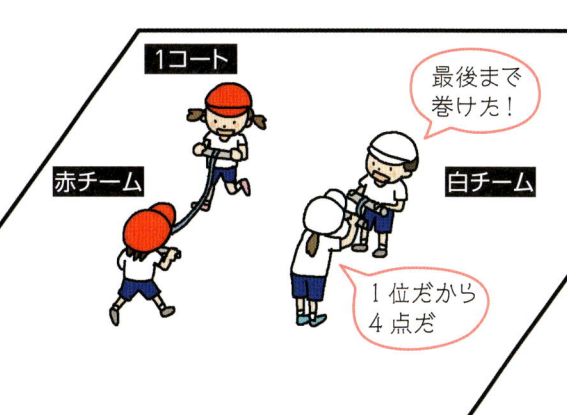

1コート
赤チーム / 白チーム
「最後まで巻けた！」
「1位だから4点だ」

2コート
「手が疲れてきた」
「あ！切れた」
「0点になっちゃった」
「テープが切れないように気をつけてね」

こんな声がけ
「今回は最後まで巻き付けることができたね。次は、素早くできるようになろう！」など、次の目標を立てるように声がけをする。

アレンジしてみよう
→ 人数が多い場合、1組目が巻き付け終わったら、今度は伸ばして次の組に渡すようにして、リレー形式で行う。

ココがUP!
手首を使って、慎重にアルミホイルの芯を回して巻き付ける。手首周りの筋力や集中力が向上する他、ペアで協力して行い、協調性も身に付く。

筋力 / 協調性 / 集中力

その他・まきまきマシーン

中学年 屋外 屋内

「ボールをつくる」「パス」「打つ」の協力プレー
新聞ボールを飛ばせ

新聞紙でつくったボールをパスして、バッターが打ちます。新聞紙でボールをつくる係、パスする係、バッターで、それぞれが自分の役割を工夫するゲームです。

打つ

| 使用する道具 | バット1本・古新聞紙1セット | 人数 | 大勢 | 時間 | 3分 |

身に付く能力 タイミング力 巧緻性 集中力 協調性

1 役割を決めよう

ベースから3、5、10mの位置に線を引きます。5人組のチームをつくり、新聞紙を丸めてボールをつくる係を3人、ボールをパスする係を1人、ボールをバットで打つバッターを1人決めます。バッターはベースに立ち、2m離れてパス係、その近くにボールをつくる係がスタンバイします。

2 遠くに飛ばして高得点を目指せ

先生の合図でスタート。ボールをつくる係は投げやすくて打ちやすい形を、パスする係は投げるスピードを、バッターはタイミングを工夫します。バットに当たらなかったり、飛距離が3m以下だったりした場合は0点、3〜5mは1点、5〜10mは2点、10m以上は4点で、3分の制限時間で最終的な点数を数えます。全員交代してより多くの総合得点を目指しましょう。

ここをチェック！
☑ ボールをつくる係は、ボールの大きさや固さなどで飛距離が変わるため、工夫してつくるように促す。

ココがUP！
パス係とバッターで息を合わせてボールをパスし、それを打つ。タイミング力や協調性、集中力が向上する。

タイミング力　協調性　集中力

中学年 屋外 屋内 投げる

遠い的、近い的、どっちに球を投げる？
あっちこっち球投げ

距離の異なる5つの的に、チームでどれだけ球を投げ入れられるかを競います。力を加減し、狙った位置にボールを投げることができるようになります。

使用する道具 玉入れの赤球8個、白球8個　**人数** 4人　**時間** 3分
身に付く能力 巧緻性　集中力　状況判断力　協調性

1 5つの的と2つの陣地の円をつくる

直径2mの的となる円を1m間隔で5つつくり、真ん中の的の両側に、5m空けてチームの陣地となる円をつくります。それぞれの的や陣地の円はロープなどを丸くしてつくってもかまいません。2人組の2チームとなり、玉入れの紅白の球をチームで別々の色になるようにして、1人4個ずつ持ちます。

2 チームの球を多く的に投げ入れよう

先生の合図で、陣地から全員で球を的に入るように投げます。1つの的の中に入れられる球は2個までです。自分のチームの球を2個でもいいので、相手チームより先に的に投げ入れましょう。3分の制限時間で、最終的に的にある球の数をチームで競います。なお、途中で、的から外れた球を取りに行ってもOKです。

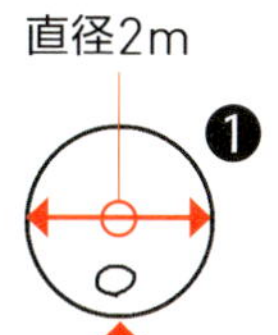

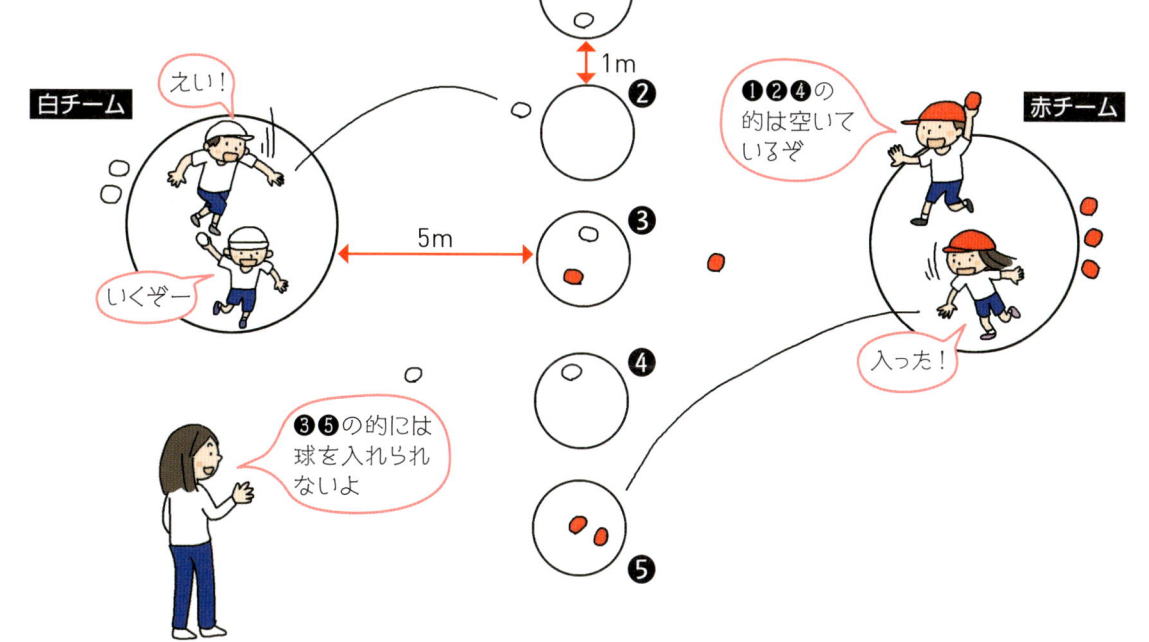

白チーム　えい！　いくぞー　直径2m　1m　5m
❶❷❹の的は空いているぞ　赤チーム　入った！
❸❺の的には球を入れられないよ

ここをチェック！
- 一番近い的を1点として、遠くになるにしたがって2点、3点として総合得点を競う。
- 全部の的に早く入れたチームが勝ちとする。

ココがUP！
的の距離に応じて、力を加減して投げる。集中力や状況判断力が向上し、球を器用に扱う巧緻性も上がる。

巧緻性　集中力

中学年

屋外 屋内 その他

動作の発信者をオニに見つけられないように
発信者を探せ

みんなで発信者の動作を真似て運動し、オニはその発信者を探します。
チームワーク、状況判断力が身に付き、簡単に行えるゲームです。

使用する道具 なし　**人数** 大勢　**時間** 2分
身に付く能力 状況判断力　協調性

1 発信者と同じ動作をする

9人組でジャンケンをしてオニを1人決めます。オニ以外の人は、オニにわからないようにして発信者を1人決めます。オニを囲むようにして円の形に並びます。先生の合図で、発信者は体を上下に倒したり、足踏みをしたりなど、その場でできる動作をします。それを見て、オニ以外の人は同じ動作をします。

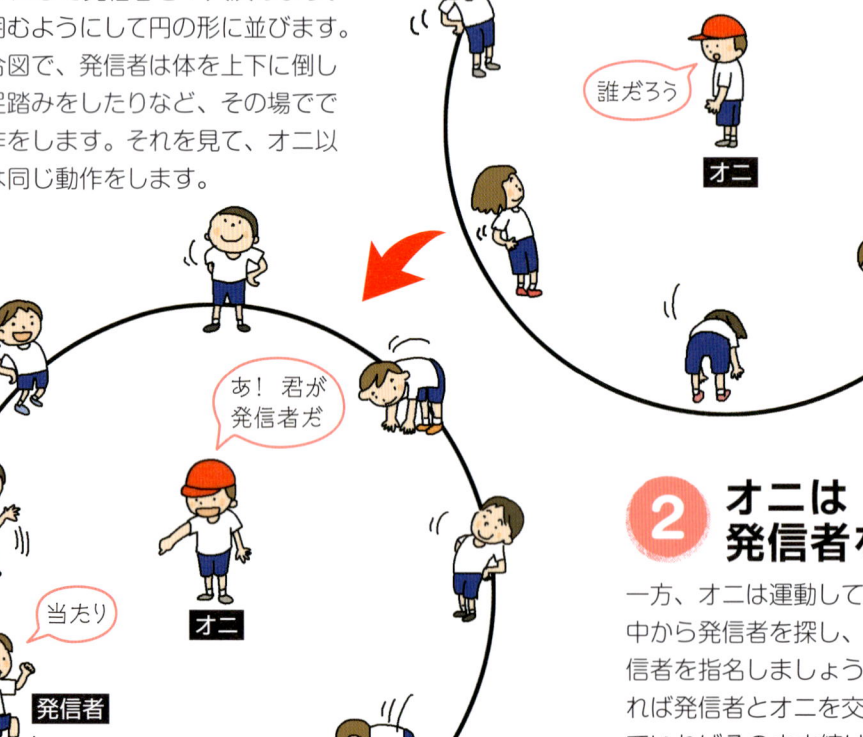

誰だろう
オニ

あ！君が発信者だ
当たり
オニ
発信者

2 オニは発信者を探す

一方、オニは運動している人たちの中から発信者を探し、見つけたら発信者を指名しましょう。当たっていれば発信者とオニを交代し、間違っていればそのまま続けます。1回の制限時間を2分として、オニが発信者を見つけられなかった場合は、誰かに交代するようにしましょう。

ここをチェック！
- 発信者は10秒ほどの間隔で動作を変えるようにする。
- 運動量のある動作や、ストレッチなどを行い、運動前のウォーミングアップにしてもよい。

ココがUP！
オニにわからないように発信者の動作を真似て運動し、オニはその中から発信者を探すため、協調性や状況判断力が身に付く。

協調性
状況判断力

中学年 屋外 屋内　投げる

水の入ったペットボトルをチームワークで運ぶ

ペットボトル・リレー

バケツ・リレーのように、水の入ったペットボトルをリレー形式で渡していきます。腕周りの筋力やチームワーク向上のためのトレーニングに最適です。

| 使用する道具 | ペットボトル1.5L4本、1L8本、500mL10本 | 人数 | 大勢（14人以上） | 時間 | 5分 |

身に付く能力：筋力　持久力　タイミング力　協調性

1 チームで間隔を空けてスタンバイ

7人組を2チームつくります。チームで、スタートラインに1人、そこから8m空けてゴールラインに1人立ちます。スタートとゴールの中間に1人、その両端を2m空け、他1mずつ空けて1人ずつ並んで立ちます。水の入ったペットボトルを容量、本数とも均等に分けて、スタートラインに置きます。

2 「手渡し」でペットボトルを運ぶ

先生の合図で、スタートラインの人がペットボトルをどれか1本取って次の人に手渡しします。間隔が1mのところは手渡し、2mのところは運んで手渡しをし、ゴールラインの人まで渡します。早く全てのペットボトルをゴールラインに運んだチームが勝ちです。

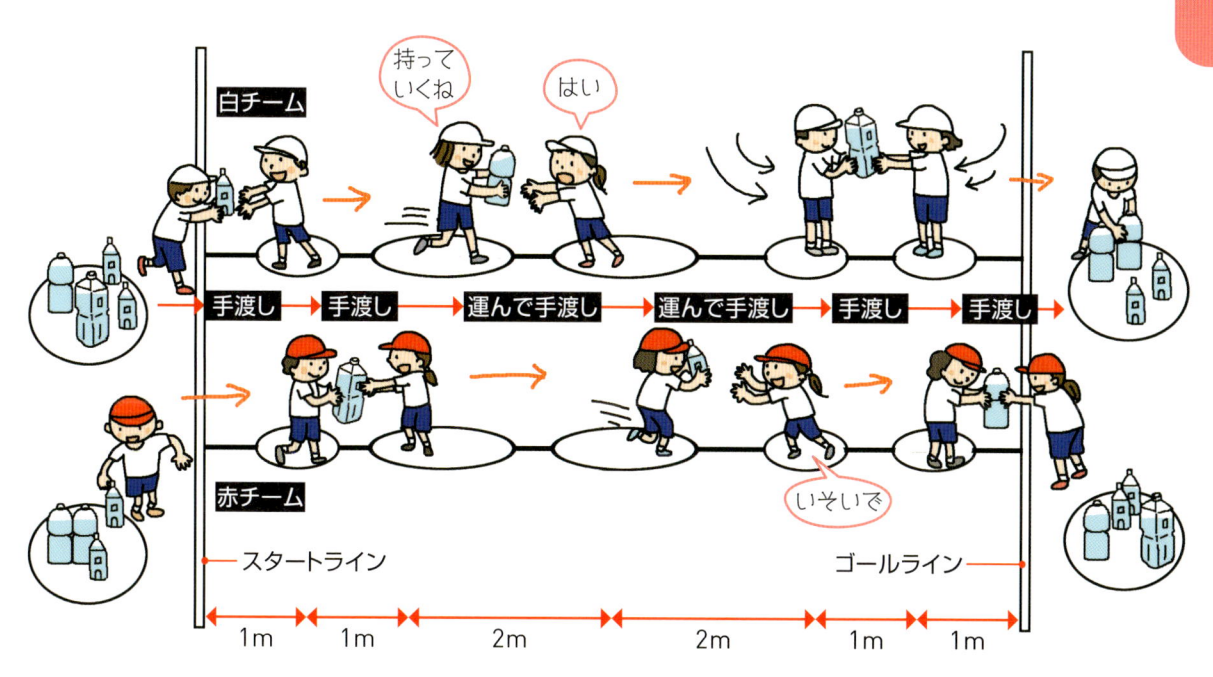

白チーム　持っていくね　はい
手渡し→手渡し→運んで手渡し→運んで手渡し→手渡し→手渡し
赤チーム　いそいで
スタートライン　ゴールライン
1m　1m　2m　2m　1m　1m

アレンジしてみよう
- 制限時間内に何本運べるかを競うのもよい。
- 運ぶ距離を長くしたり、ペットボトルの数や大きさを変えたりする。

ココがUP!
水の入ったペットボトルを多く運ぶため、腕周りの筋力や持久力が身に付く。受け取りやすく渡すことにより、協調性が向上する。

筋力　持久力

中学年 屋外 屋内 その他

ボールをキャッチするまでに球の数を数えよ
数えてキャッチ

ボールをキャッチするまでに、相手チームの数人が掲げた球の数を数えます。
瞬発的に状況判断する能力や、一度に2つの動作をする協応性のトレーニングに最適です。

| 使用する道具 | ドッジボール1個・玉入れの球6個 | 人数 | 大勢(12人以上) | 時間 | 5分 |

身に付く能力 タイミング力 協応性 集中力 状況判断力

1 ソフトボールを持って並ぶ

6人組を2チームつくり、先攻・後攻を決めます。先攻側は先生から5～7m離れたキャッチラインに先頭が立ち、その後ろに並びます。後攻側は先攻側の先頭を囲うようにして並び、全員、右手に玉入れの球を持ちます。

後攻チーム

「せーの！」
「受けそこねないようにね」
「えっと4人かな」

5～7m
キャッチライン
先攻チーム

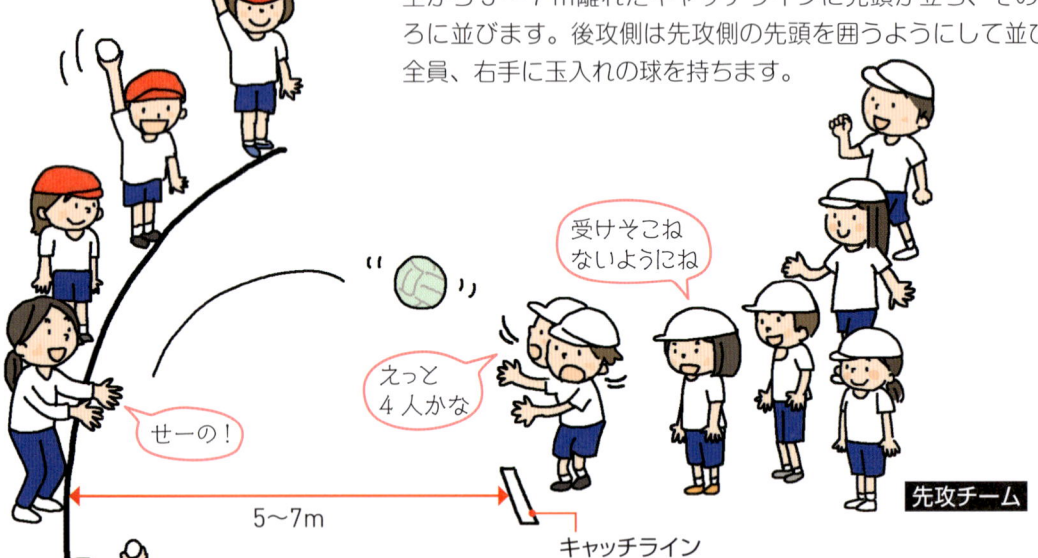

2 ボールをキャッチするまでに数える

先生が「せーの！」と言い、先頭の人にボールを投げます。同時に、後攻側の任意の数人が球を掲げます。先頭の人はその球の数を数えつつ、先生からのボールをキャッチします。キャッチと同時に、後攻側は球を下げます。先頭の人は数え間違えずに、かつ、ボールをキャッチできたら1点です。これをチームで3周繰り返して行い、先攻・後攻を交代します。最終的にチームの得点を競いましょう。

ココがUP!
ボールをキャッチする動作と相手チームの球のカウント。2つの動作を同時に行うことで、協応性や集中力が向上する。

集中力 **協応性**

アレンジしてみよう
● 後攻側がボールを2個にして、両手に持って行うと、より難しくなる。

回転ハンマーをかわせ

中学年 屋外 屋内 その他

回転するハンマーを「かがむ」「ジャンプ」でかわそう

回転するボールを付けたハンマーが、高い位置に来たときはかがみ、低い位置に来たときはジャンプでかわします。タイミング力が身に付くトレーニングです。

| 使用する道具 | ボール（バレーボールなど）・ロープ | 人数 | 3人以上 | 時間 | 1分 |

身に付く能力 身体バランス力　タイミング力　敏捷性　集中力

1 高い位置で来たら かがむ

ボールにロープを張り付けたハンマーを用意します。先生を真ん中にして、弧をえがくようにマットを並べ、その上に3人が立ちます。なお、マット上での立ち位置はボールよりも内側になるようにします。高い位置にハンマーを回します。自分の位置にハンマーが来たらタイミングよくかがんでかわすようにします。

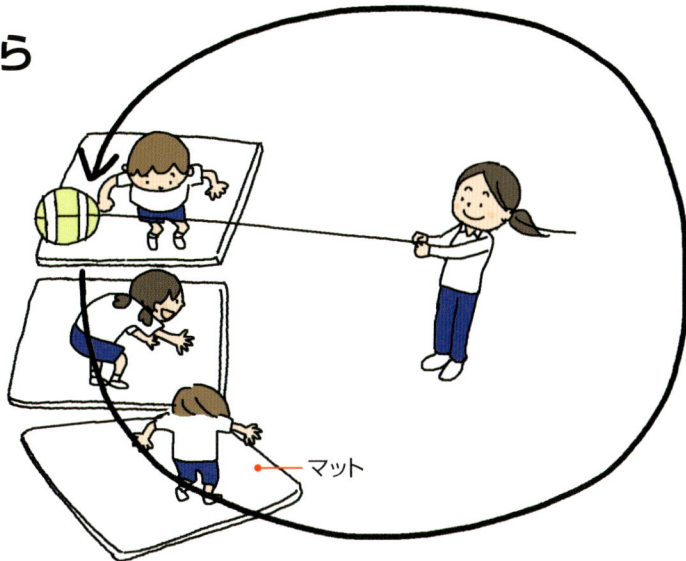

マット

2 低い位置で来たら ジャンプ

先生がかがみながら、低い位置でハンマーを回し、自分の位置に来たらタイミングよくジャンプしてかわします。

かわせた

ココがUP！
集中力　タイミング力

自分の位置にハンマーが来たタイミングでかわすため、タイミング力や集中力が身に付く。

ここをチェック！

- ☑ 先生はハンマーを回すとき、その高低を変えるタイミングをあらかじめ言う。
- ☑ 体力や動きに応じて、回すスピードを変える。
- ☑ ハンマーは、ビニール袋にボールを入れ、取っ手のところにロープを結んだものを使用してもよい。

その他
・回転ハンマーをかわせ
・数えてキャッチ

中学年 屋外 屋内

投げられたディスクを走ってキャッチ

空中ふんわりキャッチ

新聞紙とビニール袋でつくったディスクをペアの1人が投げ、それと同時にもう1人が走って、落とさないうちにキャッチします。用具の扱い方を工夫するゲームです。

投げる

| 使用する道具 | 古新聞紙・ビニール袋 | 人数 | 大勢（4人以上） | 時間 | 3分 |

身に付く能力：タイミング力　巧緻性　敏捷性　協調性

1 ディスクを持ってスタンバイ

ペアを組み、新聞紙とビニール袋を使ってディスクをつくります。ペアの1人がディスクを持ってスタートラインに並び、もう1人はその隣に立ちます。

2 キャッチできる距離に投げる

ディスクを持った人が、遠くをめがけてディスクを投げます。それと同時にペアのもう片方の人が走り出し、ディスクが落ちる前にキャッチします。ペアでディスクを投げる人とキャッチする人を交代して再度行い、最終的に一番遠くでキャッチした人のペアが勝ちです。

えい！　ディスク　遠くでキャッチできた　キャッチしたきょりがここだね　スタートライン

ここをチェック！

☑ 新聞紙3〜4枚を細長くなるように端から折り、輪にしてビニール袋に入れる。さらに輪の内側にビニール袋の上側を入れ込むと完成。

完成

ココがUP！

キャッチしやすいようにふんわりとディスクを投げることで、用具を上手く扱う巧緻性が向上し、協調性が身に付く。

巧緻性　協調性

114

中学年

屋外 / 屋内

走る

石ころを蹴って、走って、ジャンプして

石けり障害物走

コースに置かれた障害物の下を通るように石ころを蹴り、自身もその上を片足跳びで進む障害物走です。素早く状況判断を行うトレーニングに最適です。

| 使用する道具 | 石ころ2つ・ペットボトル12本・輪ゴム（なわとびでも可） | 人数 | 大勢 | 時間 | 5分 |

身に付く能力 身体バランス力／巧緻性／敏捷性／集中力／状況判断力

1 障害物をコースにセット

スタートラインから10～20m空けてゴールラインをつくります。水を入れたペットボトルに、輪ゴムを組み合わせてつくったロープ（つくり方→p38「ここをチェック」）をくくり付けてできた障害物を1コースに3セットずつ、ずらして並べます。第一走者は身近な石ころをスタートラインに置きます。

2 障害物の下に石ころを通す

先生の合図で、第一走者は石ころを蹴ってスタート。障害物の下をくぐるように石ころを蹴り、自分は片足跳びで越えて進みます。1コースで行う場合はゴールまでの時間を計り、2コース以上で行う場合は早くゴールした人が勝ちです。

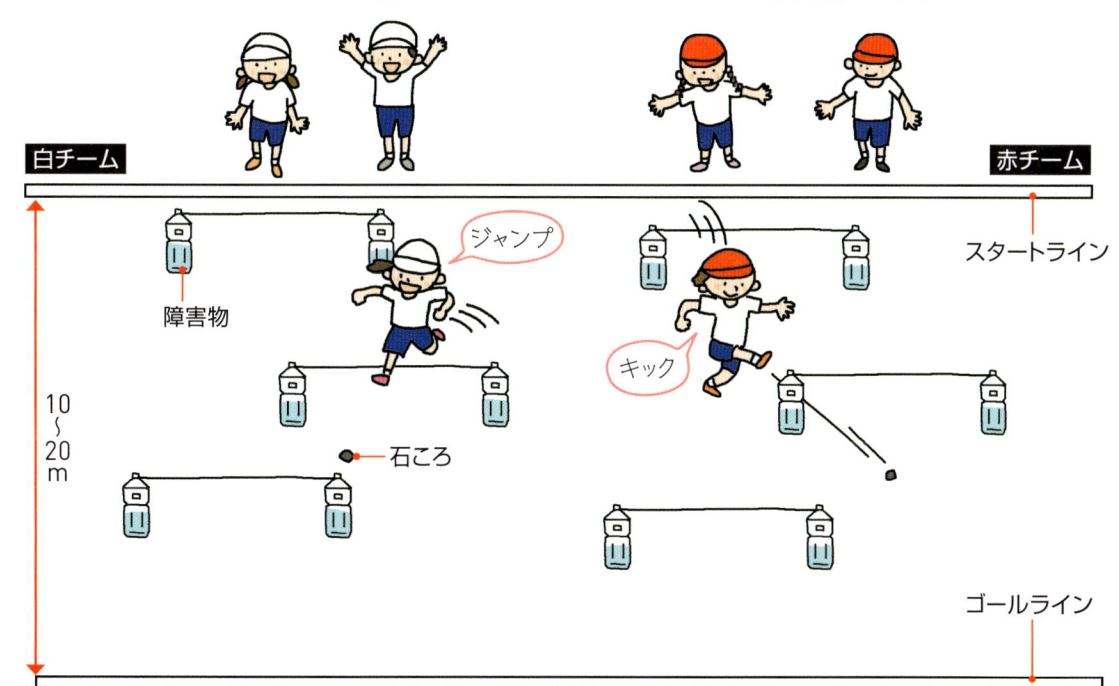

白チーム　赤チーム　ジャンプ　キック　障害物　石ころ　スタートライン　10～20m　ゴールライン

アレンジしてみよう

- 石ころを2つにする。
- 慣れてきたら障害物の位置を極端にずらすなど、工夫する。
- スタートラインに立ち、石ころを見つけるところから始めてもよい。

ココがUP！

石ころはいびつな形をしていて、正確な位置にいくように蹴るのが難しいため、巧緻性や集中力が向上する。

集中力　巧緻性

中学年 屋外 屋内 その他

風船をうちわであおいで進めるかな？
風の力で風船よ進め

風船をうちわであおいで、落とさないようにゴールを目指します。ゆらゆらと動く風船に対応する状況判断力と、チームワークが試されるゲームです。

| 使用する道具 | 風船2つ・うちわ8本 | 人数 | 大勢（8人以上） | 時間 | 5分 |

身に付く能力 筋力　巧緻性　状況判断力　協調性

1 両手にうちわを持ってスタンバイ

スタートラインから10〜15m離れてゴールラインを2コースつくります。ペアを組み、うちわを1人2本持って、スタートラインに並びます。チームで風船（口をしばったビニール袋でも可）を1つ用意します。

2 風船をうちわであおぐ

先生の合図で、風船を空中に浮かべ、ペアで落とさないようにうちわであおいで進みます。途中、地面についた場合は3mほど戻って再スタート。早く風船がゴールについたペアが勝ちです。

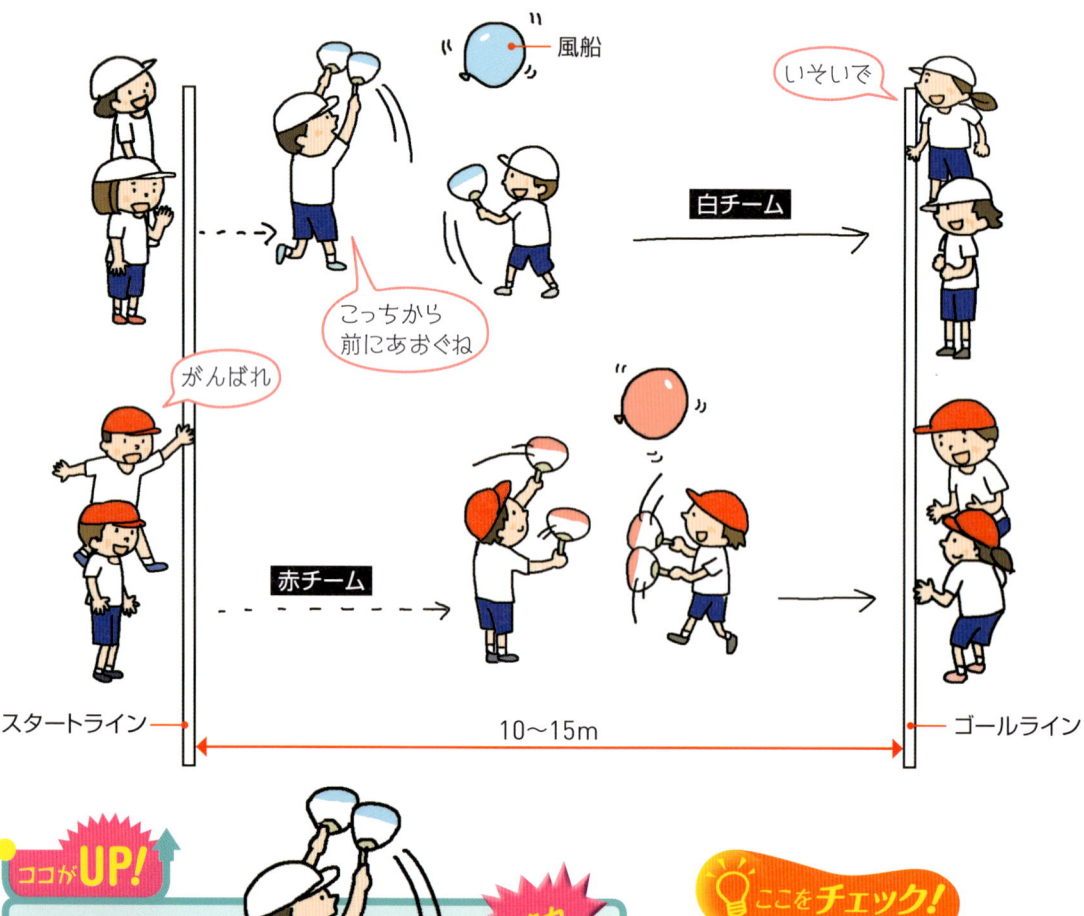

ココがUP!

ペアで協力して、2枚のうちわであおぐことにより、協調性や手首周りの筋力が身に付く。

筋力　協調性

ここをチェック！

☑ チームでリレー形式にしてもよい。
☑ スタートにある風船を制限時間内にいくつゴールに運べるかを競ってもよい。

ボールブロッカー

投げられた球をすかさずブロック

中学年 / 屋外 屋内 / 投げる

攻撃側が中央の円に入るように玉入れの球を投げ、守備側は卓球のラケットでそれを阻止します。タイミングやチームワークが重要です。

| 使用する道具 | 卓球のラケット6本・玉入れの球25個 | 人数 | 10人 | 時間 | 3分 |

身に付く能力　タイミング力　敏捷性　集中力　状況判断力　協調性

1 玉入れの球と卓球ラケットを用意

直径2mのゴールラインと、12mのスローラインの2つの円をつくります。5人組を2チームつくり、攻撃・守備を決めます。攻撃側は玉入れの球を1人5個ずつ持ってそれぞれスローラインに立ち、守備側の5人のうち3人は卓球のラケットを両手に持ってゴールラインに立ちます。

2 ゴールラインで球をブロック

先生の合図で、攻撃側は球をゴールラインの内側に入るように投げ、守備側はゴールラインより外側でそれを阻止します。制限時間の3分が経つか、攻撃側の球を投げきったら終了です。攻守交代して行い、ゴールラインの内側に入った球の数が多いチームの勝ちです。

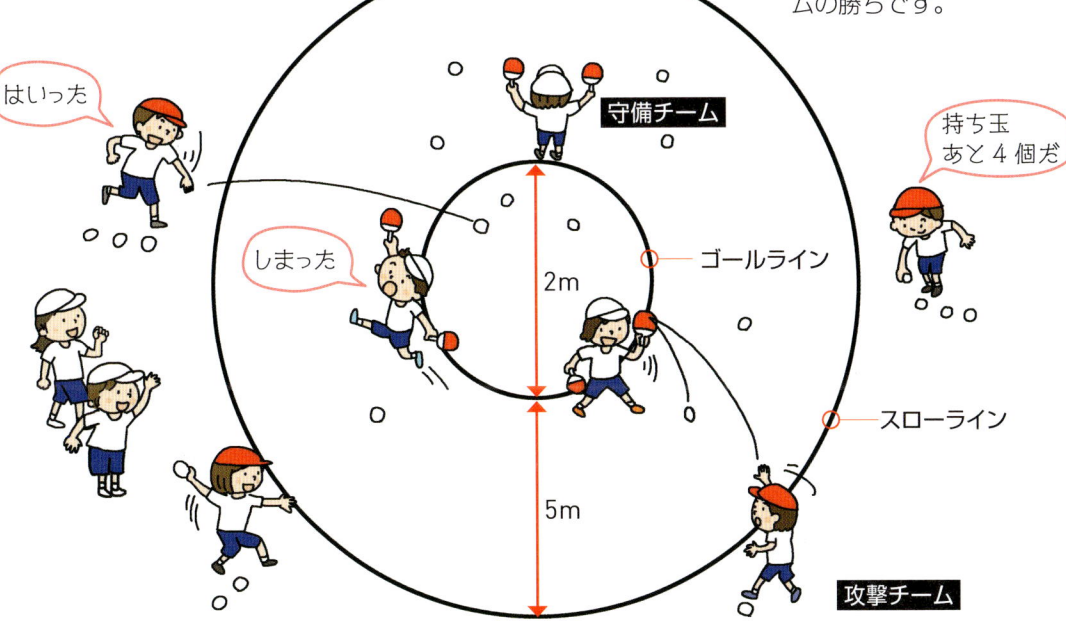

- はいった
- しまった
- 持ち玉あと4個だ
- 守備チーム
- ゴールライン
- スローライン
- 攻撃チーム
- 2m
- 5m

ここをチェック！

- ☑ 攻撃側は球を投げるときに、わざと守備側に向けて投げたり、強く投げたりしてケガにつながらないように注意する。
- ☑ チームで攻撃、守備のしかたを考えさせ、コミュニケーションを促す。
- ☑ 卓球のラケットの代わりにペットボトルを使ってもよい。

ココがUP！

多方向から飛んでくるボールを素早くラケットで防ぐため、タイミング力や敏捷性が身に付く。

タイミング力　敏捷性

投げる その他
・ボールブロッカー
・風の力で風船よ進め

117

中学年 屋外 屋内

誰が長く走るかで勝負が決まる!?
サークル・ダッシュ

コールされた番号の人が、円の中からゲートを出て外側を1周し、ゴールへと走ります。誰が円のどの位置でスタンバイするかで走る距離が変わるゲームです。

走る

| 使用する道具 | なし | 人数 | 18人 | 時間 | 5分 |

身に付く能力：身体バランス力　タイミング力　敏捷性　協調性

1 誰がどのゾーンに並ぶか相談

直径7〜10mの円を2つかき、スタートゲートをつくります。それぞれの円を3等分してショートゾーン、ロングゾーン、スーパーゾーンとします。9人組の2チームになり、チームで1〜9の番号を割り振り、相談して、円の各ゾーンに3人ずつ並びます。

2 ゲートから出て1周してからゴールへ

先生がランダムに番号を3つ言い、「スタート」と合図します。番号を呼ばれた人はスタートゲートから出て、両円の内側を回るように1周して、円から5m離れたゴールへと走ります。一番早くゴールした人から順に3点、2点、1点で、あとは0点です。最終的に得点が多いチームの勝ちです。

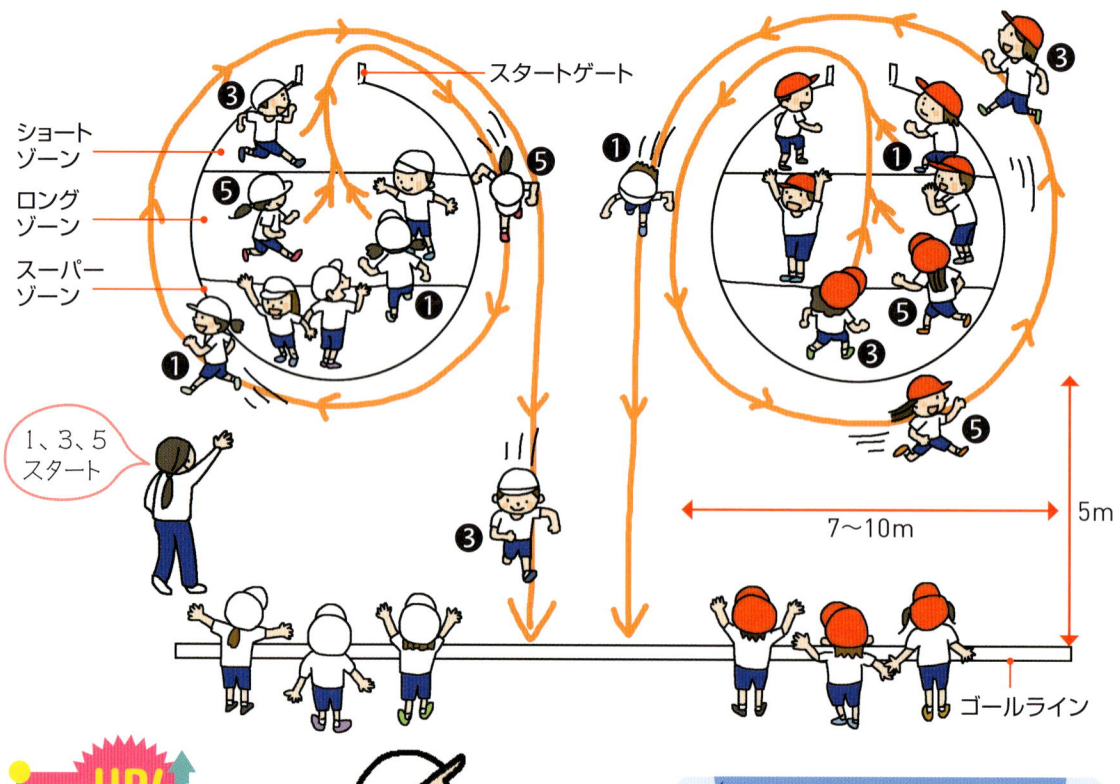

ショートゾーン
ロングゾーン
スーパーゾーン
スタートゲート
1、3、5スタート
7〜10m
5m
ゴールライン

ココがUP!
コールされた番号に素早く反応するタイミング力が向上し、まっすぐではない道を走るため、身体バランス力や敏捷性もアップする。

敏捷性
タイミング力

アレンジしてみよう

→ コールする人数を変え、注意深く聞くように促してもよい。

→ 番号を呼ばれた人達で、手をつないで行うようにして、コミュニケーションを促してもよい。

高学年
向けのトレ・ゲーム

5、6年生の発育・発達段階に合わせて、より複雑な動きや技術を身に付け、体力・運動能力を高めることができる、トレ・ゲームを紹介します。自分の能力を試したり、集団で力を合わせて楽しめるプログラムが多くあります。

高学年の体つくり運動とトレ・ゲーム

高学年の発達とそれに応じた運動

　高学年の頃はゴールデンエイジといわれる時期で、子どもが生涯を通じて運動に親しむための基礎として、さまざまな動きや技術を身に付けるのに適しています。また、自分のことを客観的にとらえるようになり、知的な活動も活発になります。さらに、体が大きく成長し、自己肯定感をもったり、劣等感を抱いたりします。集団ではルールや役割を重んじ、まとまりをつくることができるようになります。

　自分で成長できるように運動の反省を促したり、ルールをより複雑にしたり、劣等感を抱かないように積極的にほめたりするように注意し、集団で行う運動をしましょう（トレ・ゲーム一覧表 → p169 ～ 174）。

特に身に付けたい能力　　持久力　柔軟性　巧緻性　協応性　集中力　協調性

高学年の体つくり運動

　「体つくり運動」を中学年までに経験してきたことから、高学年ではそれをふまえて、より強く体力の向上を目指します。下の表のように、体つくり運動は、2つのねらいがある「体ほぐしの運動」と、「体の動きを高める運動」に分かれます。後者は、自己の課題をふまえ、体力向上をねらいとして、(ア)～(エ)で構成される体の動きを高めるための運動を行うものです。

高学年の体つくり運動	体ほぐしの運動	体力を高める運動
	「心と体の変化に気付く」	(ア) 体の柔らかさを高めるための運動
		(イ) 巧みな動きを高めるための運動
	「仲間と関わり合う」	(ウ) 力強い動きを高めるための運動
		(エ) 動きを継続する能力を高めるための運動

「体ほぐしの運動」とトレ・ゲーム導入例

　体ほぐしの運動の2つのねらいと、それらのねらいにそったトレ・ゲームを紹介します。

「心と体の変化に気付く」とは、運動をすると心が軽くなったり、体の力を抜くとリラックスできたりするなど、心と体が関係し合っていることに気づくことです。
→ **リアクション＆サークル・ラン**　時間3分　P150～151

「みんなで関わり合う」とは、運動を通して自他の心と体の違いを理解し、友達のよさを認め合いながら、友達と関わる楽しさなどを体験することです。
→ **ボールの運び屋にタッチ**　時間10分　P154～155

「体の動きを高める運動」とトレ・ゲーム導入例

体力を高める運動は4つの運動領域で構成されています。そのねらいにそったトレ・ゲームを2パターン紹介します。

（ア）体の柔らかさを高めるための運動
（イ）巧みな動きを高めるための運動

体の各部位の可動範囲を広げ、人や物の動きに反応してタイミング・バランス・リズムよく動くことや、力を調整して動くことができる能力を高める運動をしましょう。

パターン1
- タッチングストレッチ　時間3分　P128〜129
- ↓
- アイコンタクトパス！　時間3分　P126〜127
- ↓
- 最短ルートでゴー！　時間5分　P140〜141

パターン2
- 切り替え上手　時間1分　P161
- ↓
- ボール リターンズ　時間3分　P138〜139
- ↓
- リズミカルジャンプ　時間3分　P156〜157

（ウ）力強い動きを高めるための運動
（エ）動きを持続する能力を高めるための運動

人や用具の重さを利用して力強い動きを高めたり、1つ、あるいは複数の動きを連続したり、反復したりして、動きを持続する能力が高まる運動をしましょう。

パターン1
- コミュニケーション・ランニング　時間3分　P136〜137
- ↓
- スリーチーム綱引き　時間3分　P158〜159
- ↓
- 水の運び屋　時間3分　P165

パターン2
- シグナルジャンプ＆ラン　時間2分　P144〜145
- ↓
- ムービングキャッチ　時間5分　P134〜135
- ↓
- クイック・ターン・パス　時間5分　P166

ボール リターンズ

高学年

屋外　屋内

走る

ばらばらに破れた新聞紙を4人で元に戻そう！
復元能力

4人組のチームで、破れた新聞紙をパズルのように元の1枚に復元します。集団で一つの作業に取り組むことで集団行動が身に付きます。

| 使用する道具 | 古新聞紙4セット | 人数 | 16人 | 時間 | 5分 |

身に付く能力　敏捷性　集中力　協調性

1 新聞紙を用意し、4人でチームを組む

4人組を4チームつくり、各チーム、新聞紙を1枚ずつ用意します。それぞれのチームは半径約5〜10ｍの円の外周に並びます。先生の合図で新聞紙を4つに破ります。

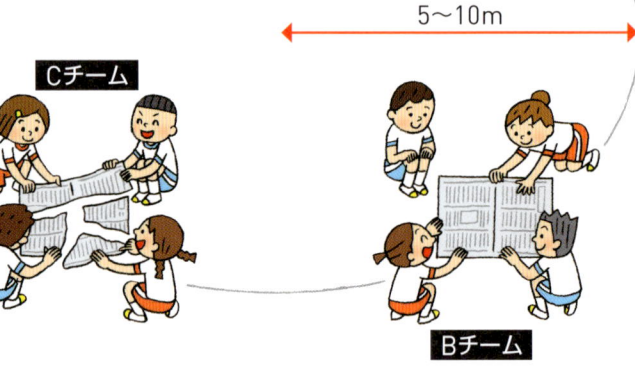

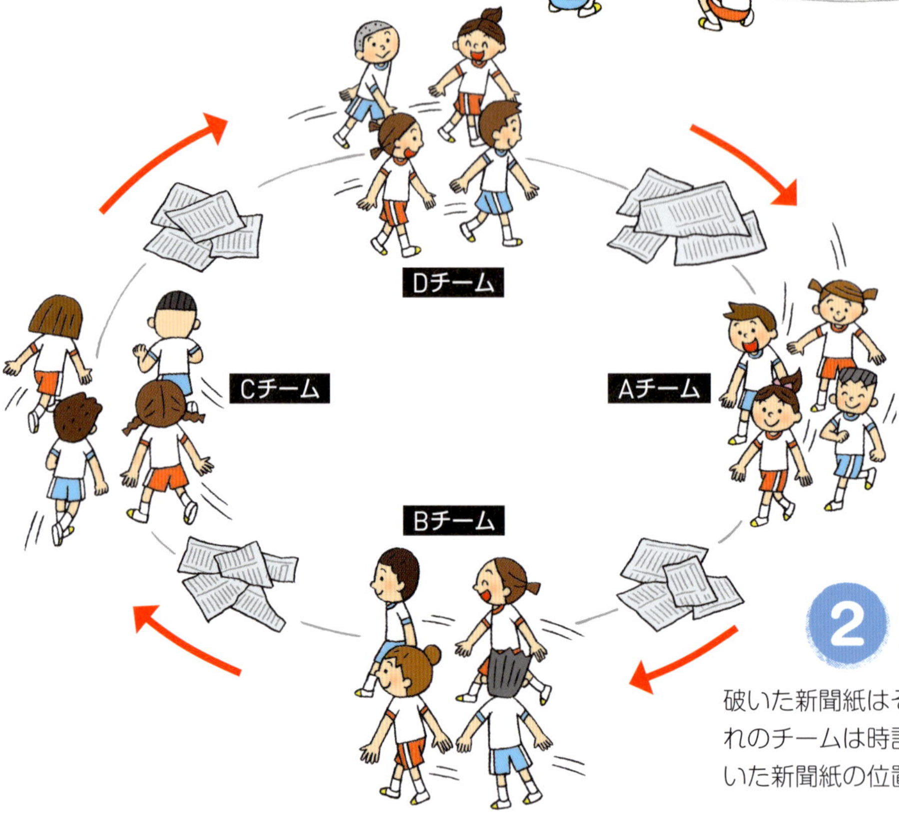

新聞紙を4つにやぶいて

5〜10m

2 隣のチームの新聞紙に移動

破いた新聞紙はその場に置いて、それぞれのチームは時計回りに隣のチームが破いた新聞紙の位置に移動します。

122

3 復元が終わったらチームでダッシュ！

先生の合図と同時にチームで協力して、いっせいに元の形に復元します。復元し終わったチームは全員でその円の外側を時計回りに2周します。一番早く戻ることができたチームが勝ちです。

ここをチェック！

- ☑ チームの組み合わせを、走るのが早い子どもと遅い子どもなど能力がばらばらになるようにして、協力して行うように促す。
- ☑ 軽快な音楽をかけながら行うとよりよい。

走る・復元能力

4 2回戦は新聞紙を8分割にしよう

2回戦目は、その復元した4分割の紙をさらに破って8分割し、同様のゲームを行います。その後、16分割、32分割とゲームを続けます。

ココがUP!

新聞紙の復元を協力して行うことで協調性が向上する。また、そこに早さを競わせることにより、集中力を高められる。

集中力 **協調性**

アレンジしてみよう

→ 新聞紙を2枚に増やし、それぞれを4分割してまぜて行うとより難しくなる。

123

高学年

屋外 | 屋内

その他

突然の指令に間違えずに反応
すぐさまヘンシン！

2人のオニを囲んで円に並び、オニのかけ声に反応してポーズをとります。
突然のことにとっさに反応する能力を高めることができます。

| 使用する道具 | なし | 人数 | 大勢（13人以上） | 時間 | 5分 |

身に付く能力 | タイミング力 | 敏捷性 | 集中力 | 状況判断力 | 協調性

1 オニを2人決めて円に並ぶ

オニを2人決め、オニを囲むようにして円に並びます。あらかじめポーズを2つ決め、覚えるようにします。

「何がくるかな」
「ライダーマンのポーズは…」
「ドキドキ」
「ポーズはウルトラCとライダーマンだよ」

オニ
オニ

ポーズ例

ウルトラC 「シュワッチ!!」

ライダーマン 「ヘンシン!!」

2 オニの指令通りにポーズをとる

オニはそれぞれ円内を回りながら誰かを指差し、ポーズ名を言います。指差された人とその両隣の人は、指令されたポーズをとり、同時に3人でそのポーズのかけ声を言います。

3 間違えたらオニになる

オニに言われたポーズやかけ声を間違えた人や、ポーズが遅れてしまった人が次のオニになります。

間違えたらオニと交代

ヘンシン

間違えちゃった

ウルトラC

ライダーマン

ドキドキ

シュワッチ!!

ココがUP!　協調性　状況判断力

オニのかけ声にとっさにポーズを判断するため、状況判断力や集中力が身に付く。また、ポーズを考えたり、みんなで覚えたりすることを通じて協調性も向上する。

アレンジしてみよう

→ ポーズやオニの数を増やすのもよい。下はポーズのアレンジ例の「スーパー戦隊」。

トウ!!　トウ!!　トウ!!

その他・すぐさまヘンシン！

高学年

屋外 屋内

投げる

アイコンタクトでコミュニケーションをとる遊び
アイコンタクトパス

アイコンタクトを駆使してボールをパスします。目と目でコミュニケーションをとる能力が身に付きます。ボール運動のウォーミングアップに適した遊びです。

使用する道具 ボール　**人数** 7人　**時間** 3分

身に付く能力 タイミング力　協応性　状況判断力　協調性

基礎遊び

6人で並び、1人がその6人に向かい合って先頭に立ちます。先頭の1人は首を動かさず、誰かに目線を送ります。見られたと思った人は手を上げます。10回当てられたら交代です。

「首は動かさないでね」

「ぼくだね」

「当たり！」

1 ボールを持って円に並ぶ

7人組で円に並びます。始めにボールをパスするレシーバーを決めます。

「だれにパスするかな」

「わたしから始めるよ」

「はーい」

レシーバー

こんな声がけ

「レシーバーはしっかり声を出してパスするように」など、声を出すように促し、コミュニケーションを図る。

② 目線を相手から外してパス

レシーバーはパスをする相手（次のレシーバー）にアイコンタクトをします。その後でパスをしますが、このときは目線を違う方向に移します。一方、次のレシーバーはボールをキャッチするまでに、パスをする相手（さらに次のレシーバー）にアイコンタクトをします。

「パスをもらう前に目を合わせるんだよ」

はい / 次のレシーバー / さらに次のレシーバー / レシーバー / パス!!

③ 「アイコンタクト」「目線を外してパス」を繰り返す

次にパスをする人を見たレシーバーは、前のレシーバーからパスを受けて、目線を外して次のレシーバーにパスを出します。早く30回パスを出せたチームが勝ちです。

パス!! / 次はわたしね / 2回目のパスだね / はい

ココがUP!

目線を送りつつボールを操作する一連の動作を行うため、協応性やリズム感覚、タイミング力が向上する。バスケットボールなど、ボールを見ずに動くスポーツの練習にも有効。

協応性 / リズム感覚

アレンジしてみよう

→ 参加人数を増やしたり、「次のレシーバーは足踏みをする」など、別の動きを加えて行ったりなど、参加者の能力に応じて難易度を調整する。

投げる・アイコンタクトパス

高学年
屋外 屋内
その他

コミュニケーションをとりながらストレッチ
タッチングストレッチ

2人組でコミュニケーションをとりながら、体のさまざまな部位を柔らかくする4種類のストレッチです。準備運動、整理運動に行いましょう。

| 使用する道具 | なし | 人数 | 2人 | 時間 | 3分 |

身に付く能力：柔軟性　身体バランス力　協調性

上半身を伸ばすストレッチ

背中を合わせて座ります。1人がもう1人の腕を取り、腰を曲げながら前に引っ張ります。

ここをチェック！

- ☑ 呼吸は自然に、動きはゆっくり大きく行うようにする。
- ☑ 急に体を伸ばしたり、勢いをつけすぎてケガにつながらないように気をつける。

体を持ち上げるストレッチ

ストレッチをする人が足を曲げて仰向けになり、その近くにもう1人が立ちます。腕を取り合い、1人は腕を持ち上げ、もう1人はイラストのように体を起こします。

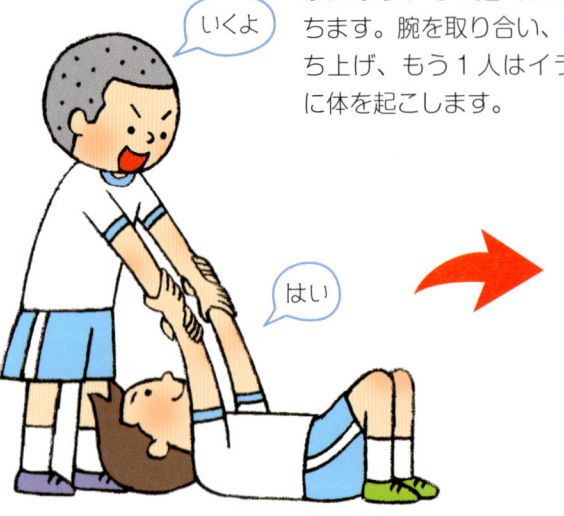

股関節を伸ばすストレッチ

手をつないでお互いの足をそれぞれ合わせて座ります。まず、1人が手を引き、もう1人は体を倒します。次に、手を引き合ったまま、2人で体を右、左にグルグル回します。

わたしが引っぱるね

左に回すよ

こんな声がけ

「きついときには相手に言うように」など、お互いに声をかけるように促し、コミュニケーションを図る。

ココがUP!

筋肉や関節を伸ばして柔軟性が高まり、体を動かしやすくなる。

柔軟性

引くよ

腰回りを伸ばすストレッチ

手を股の下から後ろに出して後ろの人と手をつなぎます。もう1人はその手を持って足をかけて座ります。座っている人が手を引き、立っている人は体をさらに倒します。

うん

大丈夫？

その他・タッチングストレッチ

129

高学年

屋外　屋内

その他

音だけを頼りに相手をタッチ
「どこ？」「ここ！」

目隠ししたハンターが、音を頼りにサークル内の相手チームの人をタッチします。空間認識能力が向上し、集団スポーツなどで人やボールの動きなどを認識できるようになります。

| 使用する道具 | 目隠し用のタオル | 人数 | 12人以上 | 時間 | 10分 |

身に付く能力　身体バランス力　集中力　状況判断力

1 チームを組んで ハンターを決める

6人組を2チームつくり、各チーム、ハンターを1人選びます。先攻側のハンター以外の人と後攻側のハンターでサークルをつくります。先攻側のハンターは目隠しをし、後攻側の人とともにサークルの中に入ります。

先攻ハンター
後攻ハンター
どこ？
ここ
先攻チーム
前にいるよ
ここ
ここ
ここ
ここ
後攻チーム

2 ハンターは音を頼りに 相手チームの人をタッチ

ハンターが「どこ？」と聞くと、サークルの中の逃げている人は全員、「ここ！」と言わなければなりません。また、サークルをつくっている先攻側の人はハンターに後攻側の人の場所を声で教えます。ハンターは、その声で相手チームの人の場所を感知してタッチしていきます。

ココがUP!

集中力

ハンターは目隠しされ、音を頼りに動くので状況判断力、集中力が向上する。また、目隠しして運動することにより、身体バランス力が身に付く。

3 サークルを つくっている人は 声がけをする

サークル内の先攻ハンターをチームメイトが「(相手チームの人は)前にいるよ」など、声で導きます。後攻ハンターは「後ろにいるよ」など、間違えた声がけをして惑わせます。

こんな声がけ

「的確な声がけができているね」など、ハンターではない子どもも、工夫や態度を見て、ほめるようにする。

前？ 後ろ？

後ろにいるよ

前にいるよ

4 ハンターに タッチされたら

サークルの中の後攻側の人は、ハンターにタッチされる、または、サークルの外に出てしまうとアウトで、サークルの一員になります。制限時間を5分として、ハンターがタッチした人数がより多いチームの勝ちです。

タッチされた

やった!!

タッチされたらサークルになってね

★ アレンジしてみよう ★

- 1回戦だけでなく、ハンターを変えて3～5回戦を行う。
- 制限時間（2～3分）を決め、ハンターがサークルの中の後攻側の人をタッチしても、その人は再びサークルの中で逃げ続けるというルールに変え、ハンターが何回タッチできるかを競う。

高学年

屋外 / 屋内

打つ

うちわを使って風船を打ち返そう
うちわでポンポン

ルールはバレーボールの要領ですが、うちわと風船を使って行います。敏捷性や状況判断力のトレーニングに最適です。

| 使用する道具 | うちわ4枚・風船・ネット（または輪ゴム） | 人数 | 4人 | 時間 | 10分 |

身に付く能力：筋力・持久力・タイミング力・敏捷性・集中力・状況判断力・協調性

1 うちわを持ってスタンバイ

2人組を2チームつくり、各自うちわを持ちます。風船を使って、バレーボールの要領でゲームを行います。サーブは、コート内のどこからでも打ち入れることができます。

ここをチェック!

☑ 攻撃や防御のしかたについてチーム内で作戦を立てさせる、ゲームでしっかり声を出させるなどでコミュニケーションを促す。

☑ ネットの代わりに、輪ゴムを組み合わせてつくったロープ（つくり方→ p38「ここをチェック」）をくくり付けてもよい。

「風船を落とさないようにね」

約1.5m

「えい！」

「うまい〜！」

3m

3m

こんな声がけ

「体を低くする（重心を下げる）と早く反応できるよ！」など、活躍できていない子どもにアドバイスをする。

132

② 攻撃側は風船を 5回までタッチできる

風船が自分のコートにあるとき、1チームで合計5回まで、1人で2回まで続けてタッチすることができます。ラリーポイント制（サーブ権の有無にかかわらず点数が入る）で行い、15点を先取した方が勝ちです。

ココがUP!

うちわで風船を打つことで、手首周りの筋力や敏捷性が向上し、ハンドボールやドッジボールなど、ボールを持って扱うスポーツの練習としても効果がある。

敏捷性
筋力

ぼくがとるね

がんばって

3m

アレンジしてみよう

→ 運動能力に応じて大きめのうちわを使うなど、能力に差が出ないようにする。

ムービングキャッチ

高学年 屋外 屋内 投げる

走って、投げて、キャッチして

ペアで平行、前後に走りながらキャッチボールをします。一度に2つの動作をすることで、体の動かし方が身に付き、タイミング力が向上します。

| 使用する道具 | ボール | 人数 | 2人以上 | 時間 | 5分 |

身に付く能力：身体バランス力／タイミング力／巧緻性／協応性／状況判断力／協調性

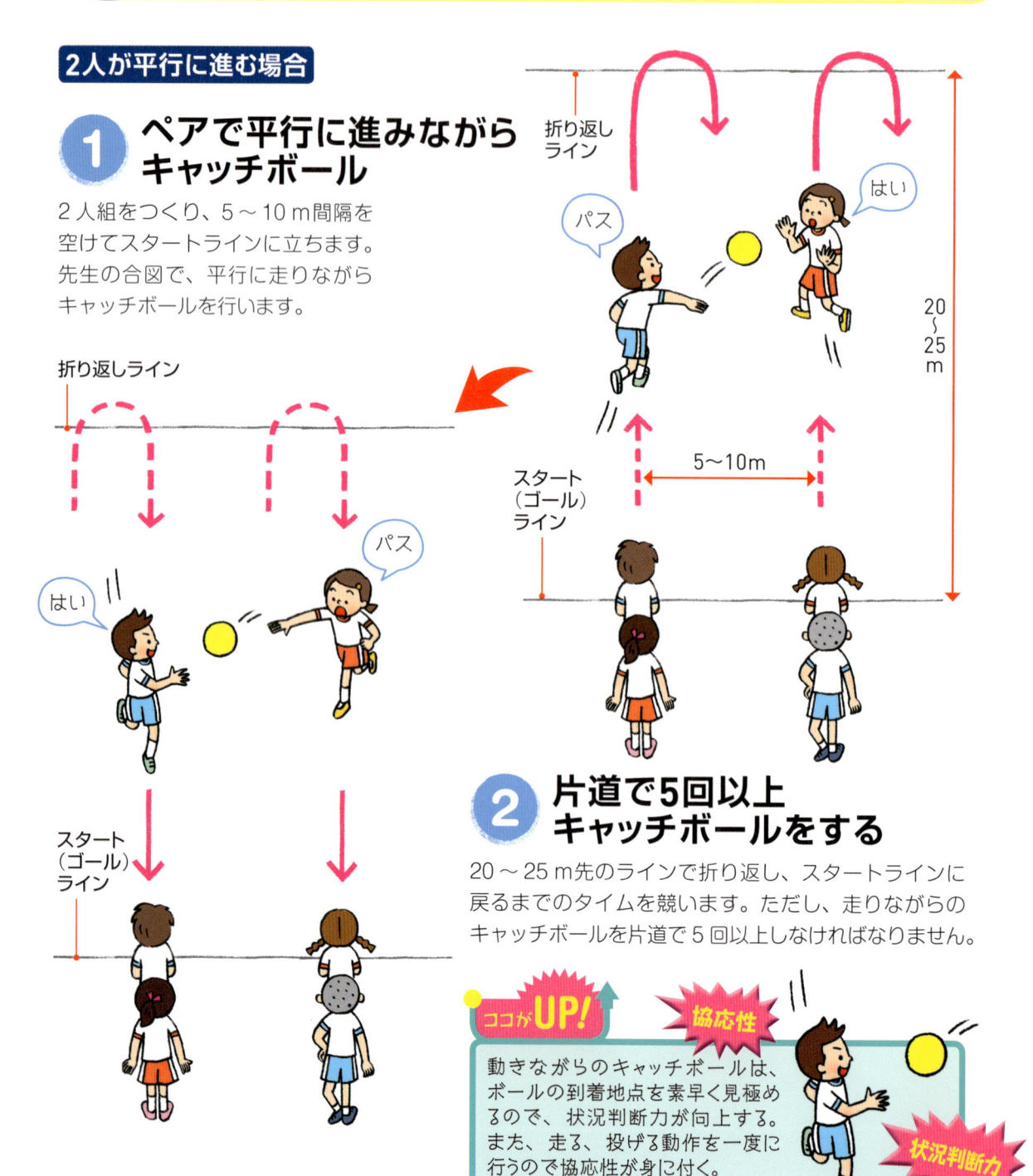

2人が平行に進む場合

1 ペアで平行に進みながらキャッチボール

2人組をつくり、5〜10m間隔を空けてスタートラインに立ちます。先生の合図で、平行に走りながらキャッチボールを行います。

折り返しライン

パス／はい

20〜25m

5〜10m

スタート（ゴール）ライン

2 片道で5回以上キャッチボールをする

20〜25m先のラインで折り返し、スタートラインに戻るまでのタイムを競います。ただし、走りながらのキャッチボールを片道で5回以上しなければなりません。

ココがUP！ 協応性

動きながらのキャッチボールは、ボールの到着地点を素早く見極めるので、状況判断力が向上する。また、走る、投げる動作を一度に行うので協応性が身に付く。

状況判断力

2人が前後に進む場合

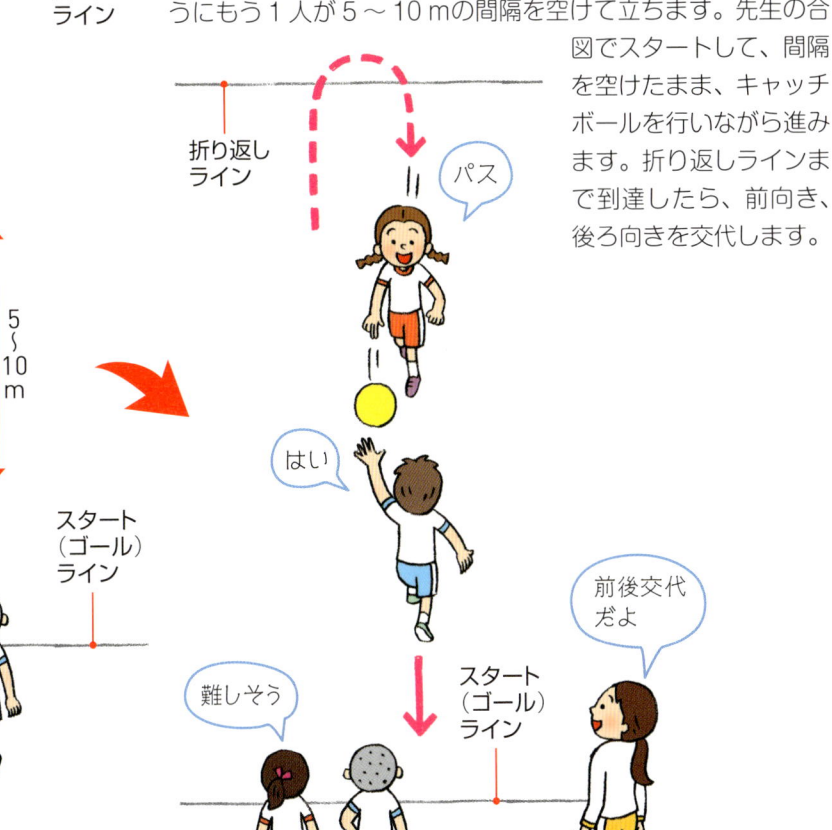

手順やキャッチボールの回数は平行に進む場合と同じですが、1人がスタートラインに後ろ向きで立ち、先頭と向かい合うようにもう1人が5〜10mの間隔を空けて立ちます。先生の合図でスタートして、間隔を空けたまま、キャッチボールを行いながら進みます。折り返しラインまで到達したら、前向き、後ろ向きを交代します。

3人で止まって行う場合

3人組をつくり、端から端まで15m程度になるように間隔を空けて1列に並びます。端の人が投げたボールを中央の人がとり、すぐにもう一方の端の人に投げます。キャッチボールを10往復したら、中央の人を交代して行い、合計で30往復します。早く終えたチームの勝ちです。

アレンジしてみよう

- 運動能力に応じて、ペアの間隔を短くする、キャッチボールの回数を少なくするなどで配慮する。
- 慣れたら、野球ボールなど小さいボールで行う。

高学年 屋外 屋内

コミュニケーションをとりながら走ろう
コミュニケーション・ランニング

5人で列になり、ランニングをします。一番後ろの人が前の人に声をかけながら先頭まで走り、順番が入れ替わっていきます。運動前のウォーミングアップに適しています。

走る

使用する道具 なし　**人数** 5人ほど　**時間** 3分
身に付く能力 持久力　タイミング力　敏捷性　協調性

① ランニング中に、後ろの人が前の人に声がけ

5人で1列に並んでランニングをします。一番後ろの人は前の人にタッチして「がんばっていきましょう!」と声をかけます。タッチされた人は「はい!」と応じます。

こんな声がけ
「しっかりと声がけをするように」など、声がけをしっかり行うように促し、コミュニケーションをとるようにする。

はい!
がんばっていきましょう

② 前の人を抜かしていき、先頭へ

一番後ろの人は前の人を抜かして、さらに前の人に同じようにタッチして声をかけます。これを先頭になるまで続けます。

先頭だ

ココがUP!
グループで早さを揃え、前後の間隔を一定にするため、集団行動が身に付く。また、後ろの人は声を出したり、加速したりするので、敏捷性や持久力が向上する。

持久力
敏捷性

「先頭だ」
「これで2周目だね」
「わたしがスタートする番ね」

走る・コミュニケーション・ランニング

3 グループ内で3周しよう

同じようにして、一番後ろになった人が先頭まで走ります。順番が入れ替わっていき、始めに先頭だった人が再び先頭になるまでを1周とし、それを3周します。あるいは、グループで走る距離を200mと決めて行うのもよいでしょう。

「しっかり声出してね」

ここをチェック!

- ☑ 「がんばっていきましょう!」という声がけを大切にさせる。
- ☑ 体力がない子どもに配慮した速度で走るようにする。
- ☑ 軽快な音楽をかけて楽しく行う。

★ アレンジしてみよう ★

→ ジグザグに並んで走ったり、サッカーボールを持って行ったりするのもよい。先頭に出たらボールを一番後ろにパスする。

「先頭までいったら一番後ろにパスだよ」

137

高学年

屋外 屋内

投げる

協力して2人でボールをよけろ！
ボール リターンズ

防御チームは前後に並んで、2人でいっしょに攻撃チームから投げられたボールをよけます。「よける」能力が向上すると危険な場面で対処できるようになります。

| 使用する道具 | ボール（ドッジボールなど） | 人数 | 4人 | 時間 | 3分 |

身に付く能力　身体バランス力　タイミング力　集中力　協調性

1 攻撃・防御チームに分かれる

2人組で、攻撃と防御の2チームに分かれます。攻撃側は防御側を挟むように立ちます。防御側は円からはみ出ないように前後に並び、後ろの人は手を前の人の肩に置きます。

ここをチェック！

- 慣れるために、最初は防御チームを1人にして行ってもよい。
- ボールの空気を抜いておいて、当たっても痛くないようにする。

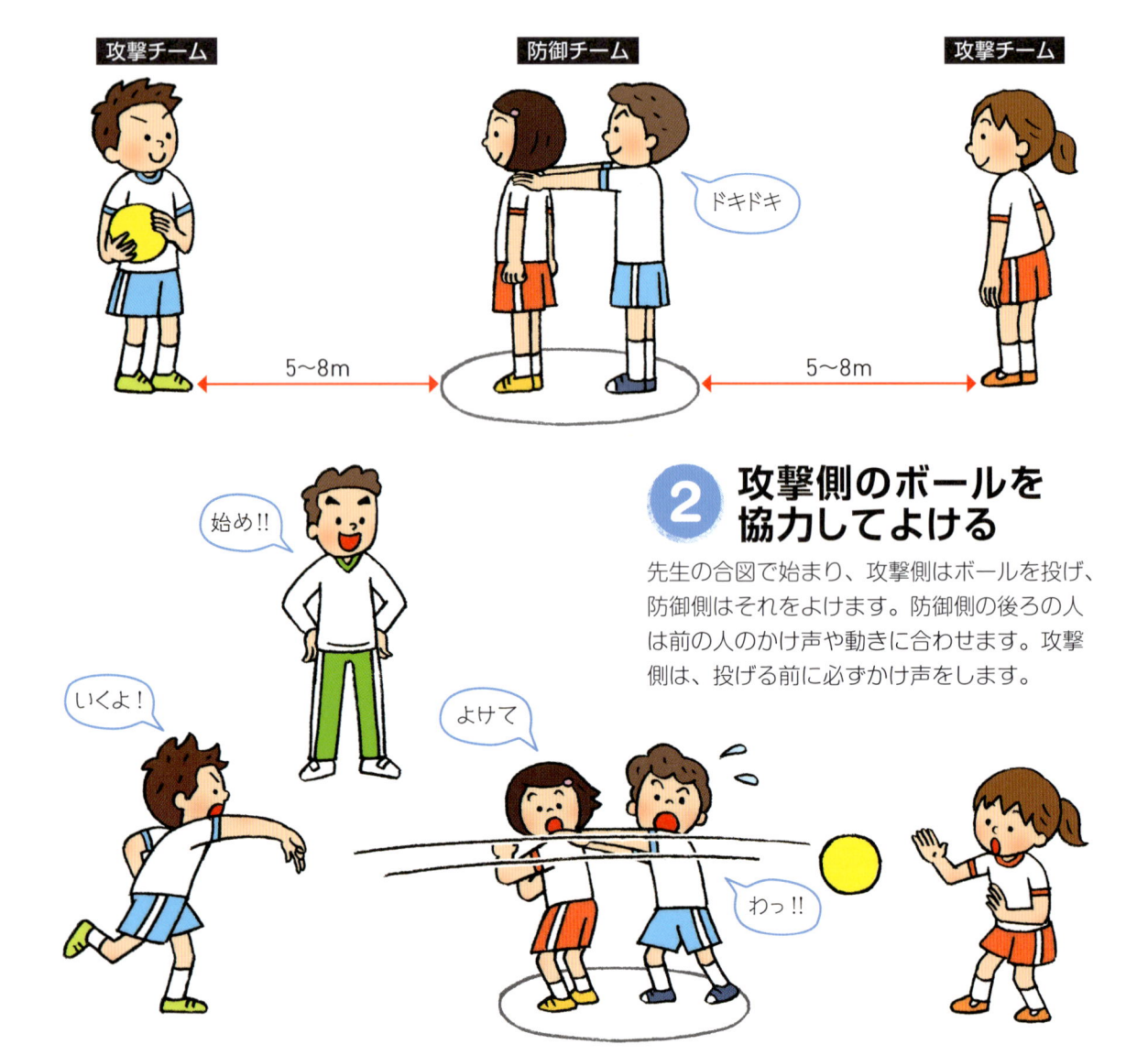

攻撃チーム　防御チーム　攻撃チーム

ドキドキ

5～8m　　5～8m

2 攻撃側のボールを協力してよける

先生の合図で始まり、攻撃側はボールを投げ、防御側はそれをよけます。防御側の後ろの人は前の人のかけ声や動きに合わせます。攻撃側は、投げる前に必ずかけ声をします。

始め!!

いくよ！　よけて　わっ!!

3 防御側はよけたらターン

防御側は前から来るボールをよけたら、その場でターンして、反対側からのボールに備えます。制限時間の３分間で何回当てられるかを競います。攻守交代して行い、より多く当てることができたチームの勝ちです。

うん / くるよ / いくよ

こんな声がけ
「よける時にしっかり声をかけるように」など、２人がコミュニケーションを図って同時に動けるようにする。

ココがUP！
防御チームの後ろになる人は前の人の動きに合わせて素早く動くため、タイミング力が向上する。また、２人が息を合わせて動くので、協調性が身に付く。

タイミング力
協調性

アレンジしてみよう
→ ボールは１個のままで攻撃側を４人に増やし、前後左右の４方向からボールを投げるようにする。左右からボールが来たときは、防御側の２人は横並びになって素早く手をつなぐようにする。攻撃側はパスをしてもよい。

パス / よけろ / いくよ

投げる・ボール リターンズ

139

高学年 屋外 屋内

走る

細かいボール操作を駆使してゴールを目指そう
最短ルートでゴー！

指示に従って1周回るなど、サッカーボールを巧みに扱い、ドリブルしながらゴールを目指します。サッカーの練習に最適です。

| 使用する道具 | サッカーボール | 人数 | 大勢（8人以上） | 時間 | 5分 |

身に付く能力　持久力　身体バランス力　巧緻性　状況判断力

1 コート内にジグザクに立ってスタンバイ

スタートから15〜20m離れたゴールの間に、6人で間隔をおいてジグザグになるように立ちます。スタートラインとゴールラインの前に2手に分かれて並び、ボールをスタートラインに置きます。先生の合図で、立っている人は、片手、または両手を上げ、手の上げ方の指示に従いながら、ボールを持った人がドリブルしてゴールを目指します。

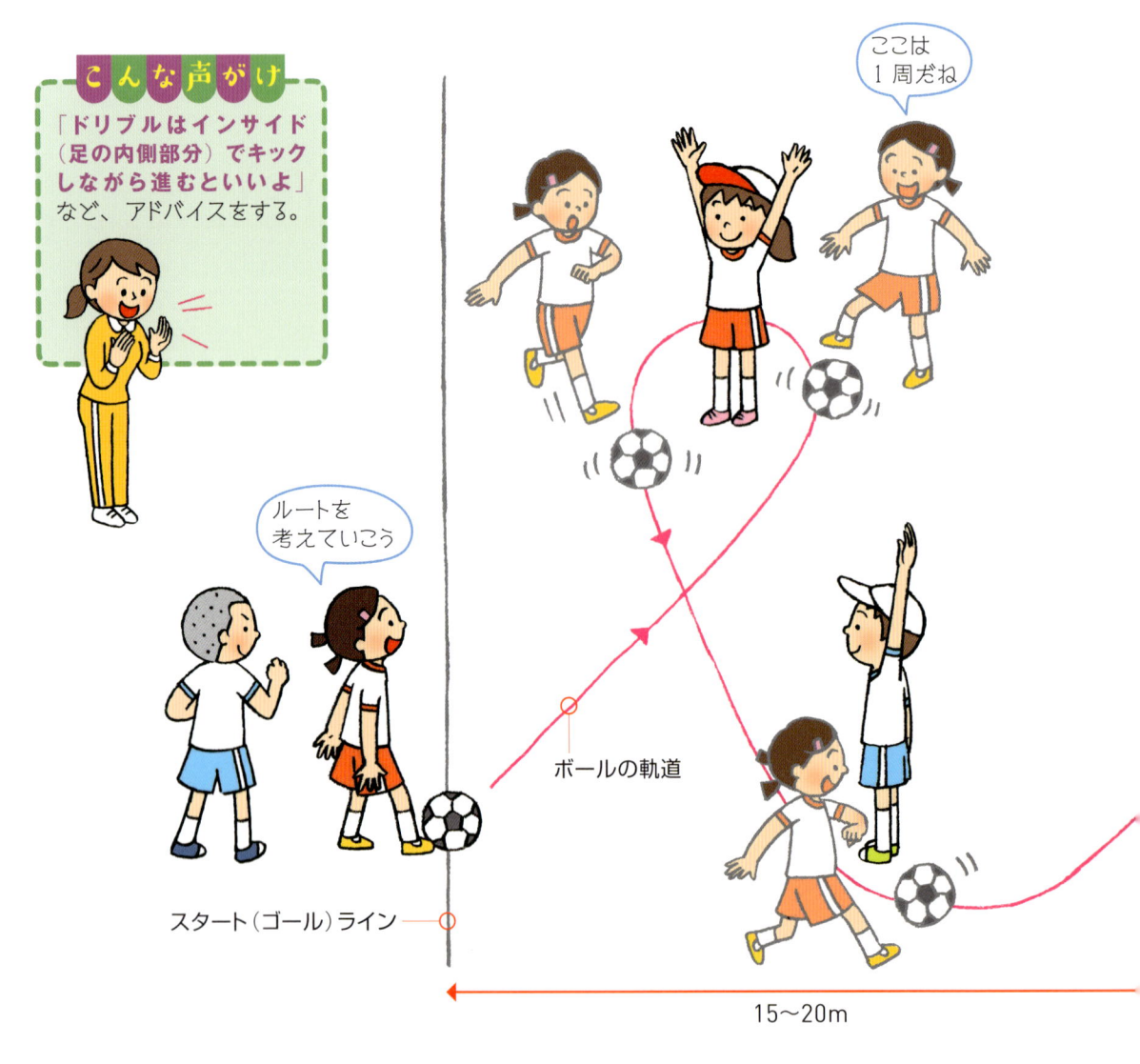

こんな声がけ
「ドリブルはインサイド（足の内側部分）でキックしながら進むといいよ」など、アドバイスをする。

ここは1周だね

ルートを考えていこう

ボールの軌道

スタート（ゴール）ライン

15〜20m

2 手の上げ方でルートを指示

両手を上げていたらボールがその人の周りを1周回り、片手を上げていたら、その手の側を通ります。コート内の全員の間を通過するようにドリブルします。

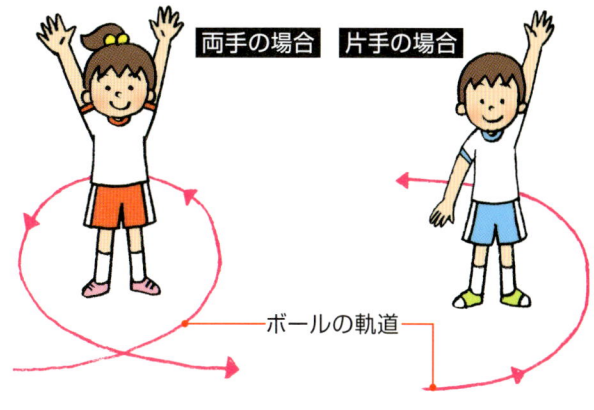

両手の場合　片手の場合

ボールの軌道

3 ゴールに並んでいる人にパス

ゴールしたら、並んでいる人にボールをパスします。それと同時に立っている人は振り返り、片手、両手を上げ直します。パスされた人は同じようにドリブルして反対側のゴールを目指し、それを繰り返します。

ココがUP!
手を上げている人に応じて行路を決めることから、状況判断力が身に付く。ドリブルで細かいボール操作をすることで、巧緻性も向上する。

巧緻性
状況判断力

ここは左手を上げているよ

スタート（ゴール）ライン

走る・最短ルートでゴー！

ここをチェック！
- ☑ コートに立っている人の並び方をアレンジして難易度を調整する。
- ☑ バスケットボールで、手を使ったドリブルでもよい。

高学年 屋外 屋内 その他

風船をバランスよく扱い、新聞紙を復元しよう
落とさず 復元せよ！

2人組で、1人は両手の風船を打ち上げて落とさないようにして、もう1人はその間に破れた新聞紙をパズルのように復元します。身体バランス力や集中力が身に付きます。

| 使用する道具 | 古新聞紙1セット・風船4つ | 人数 | 4人以上 | 時間 | 10分 |

身に付く能力：身体バランス力　巧緻性　協応性　集中力　協調性

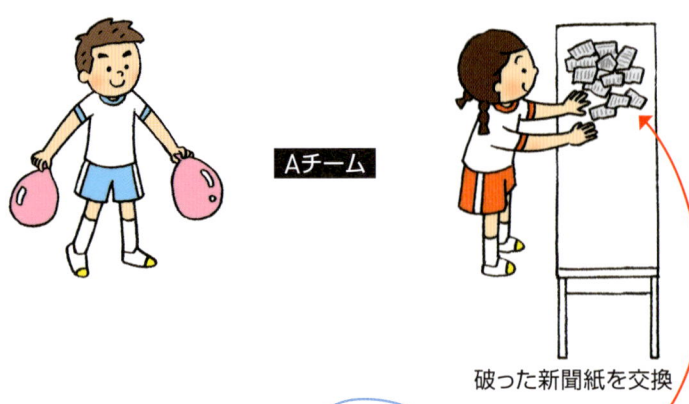

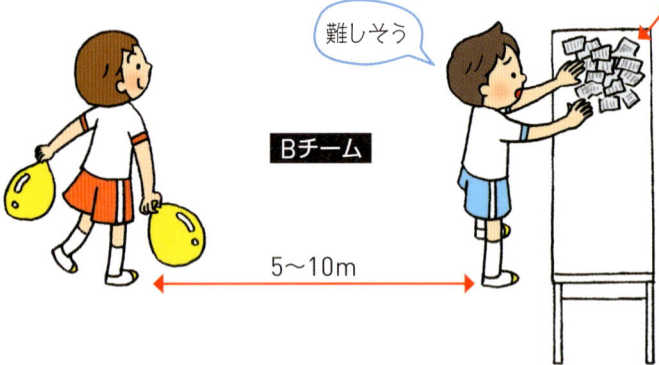

Aチーム
破った新聞紙を交換
難しそう
Bチーム
5〜10m

1 新聞紙を20分割する

2人組を2チームつくります。まず各チームで新聞紙1枚を適当に20分割し、それを他チームと交換します。

ココがUP!

ふわふわと不規則に飛ぶ風船を落とさないように、両手で操ることで身体バランス力が向上する。また、役の交代で素早く動作を変えるので、機敏な動作が身に付く。

集中力　身体バランス力

2 1人が新聞紙を復元、もう1人が風船を操作

チームの1人は新聞紙の復元を、もう1人は両手に持った風船をポンポンと手で打ち上げる役を担当します。先生の合図で始め、15秒ごとに役を交代します。

がんばれー
う〜ん
Bチーム

3 風船を落としたら中断

途中で風船を落とした場合、残りの時間は復元作業を行うことができません。

こんな声がけ

「あと5秒で交代」「風船を落としたから動かないように」など、テキパキと次の行動に移ることができるように声がけをする。

落としちゃった

Aチーム

交代まで動けない

あと5秒

Bチーム

その他・落とさず 復元せよ！

あともう少し

うん

交代！

Aチーム

4 役を交代したら復元作業を再開

役を交代したら、復元作業を再開できます。分割した新聞紙を早く復元したチームの勝ちです。

アレンジしてみよう

- 1チーム3人とし、2人が復元作業を担当する。
- 新聞紙をより細かく分割すると難易度が高まる。

高学年 屋外 屋内

走る

シグナルに合わせた動きをこなして競争

シグナルジャンプ&ラン

コースに置かれたさまざまなシグナル（動き方を変える合図となる物）に合わせた動き方をして、ゴールを目指します。さまざまな動きを取り入れた障害物走です。

使用する道具 シグナルとなる物4つ　**人数** 大勢　**時間** 2分
身に付く能力 筋力　身体バランス力　タイミング力　敏捷性　状況判断力

1 シグナルの動き方を覚えよう

スタートラインから約25 m先にゴールラインをつくります。その間に、5 m間隔にシグナルとなる物（イラストはサッカーボール、野球ボール、段ボール、傘）を置きます。それぞれのシグナルで動き方を決め、覚えるようにします。スタートラインに2列に並びます。

第1シグナル「ハシゴラン」
地面にかかれたハシゴの内側や外側を1列目の端からまんべんなく踏んでいきます。

サッカーボール

5m

ここをチェック！
- ☑ 能力に応じて、やさしい動きに変える。
- ☑ 動き方を確認するため、競争する前に、リハーサルをしてもよい。

わたしは1回目に勝ったからスーパーラインからね

始めのシグナルはサッカーボールだからハシゴランだ

全部踏むのは大変だ

2 動きを間違えたときは戻る

先生の合図でスタートし、シグナルにさしかかったら、そのシグナルの動き方で進みます。動き方を間違えたときは、そのシグナルの最初に戻りましょう。早くゴールした人が勝者です。1回戦の勝者は、2回戦に走るときにスタートラインから2～5 m後ろのスーパーラインからのスタートにしてハンデをつけます。

2～5m

スーパーライン　スタートライン

144

こんな声がけ

「ケンパージャンプ、上手だね！」など、競争に遅れている子どもには個別のシグナルの動き方をほめる。

ココがUP!

さまざまな動き方を取り入れて競争することによって、身体バランス力や敏捷性が向上する。また、シグナルに応じた動き方を走りながら判断するため、状況判断力もアップする。

身体バランス力
敏捷性

走る・シグナルジャンプ&ラン

第2シグナル「ケンパージャンプ」
片足→両足→片足→…の順番でリズムよくジャンプして進みます。

第3シグナル「なわとび越え両足ジャンプ」
ペットボトルに張られたなわとびを両足で右、左と5回跳び越えます。

第4シグナル「障害物ダッシュ」
障害物を1周してからゴールを目指します。

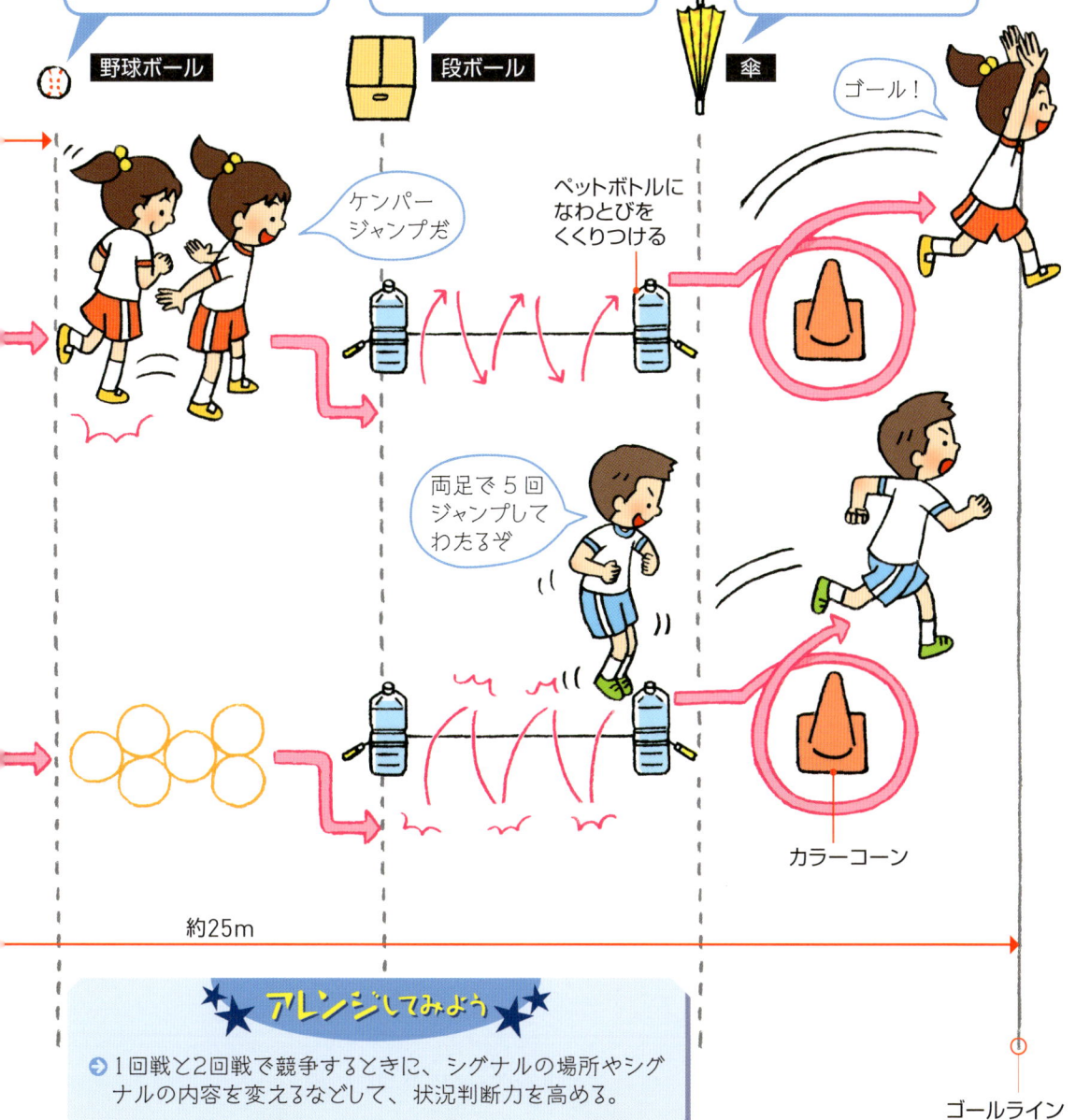

野球ボール　段ボール　傘

ケンパージャンプだ

ペットボトルになわとびをくくりつける

ゴール！

両足で5回ジャンプしてわたるぞ

カラーコーン

約25m

ゴールライン

★ アレンジしてみよう ★

→ 1回戦と2回戦で競争するときに、シグナルの場所やシグナルの内容を変えるなどして、状況判断力を高める。

145

高学年

屋外 屋内

走る

マス目の進み方を考えてゴールを目指す

直角進行 ースキップ&ダッシュー

コートのマス目を曲がりながら、線の種類に応じて走る、スキップするなどして進みます。進行方向を判断し、行動する遊びです。

| 使用する道具 | カラーコーン2本 | 人数 | 6人以上 | 時間 | 2分 |

身に付く能力：筋力　身体バランス力　敏捷性　状況判断力

3人チーム戦

1 マス目がある正方形のコートをつくる

縦4×横4マスの正方形のコートをつくります。このとき、コートの線のいくつかを破線にしておきます。2本のカラーコーンを適当なマス目の交点に立てます。コートの端がスタート地点、その対角線がゴール地点になります。

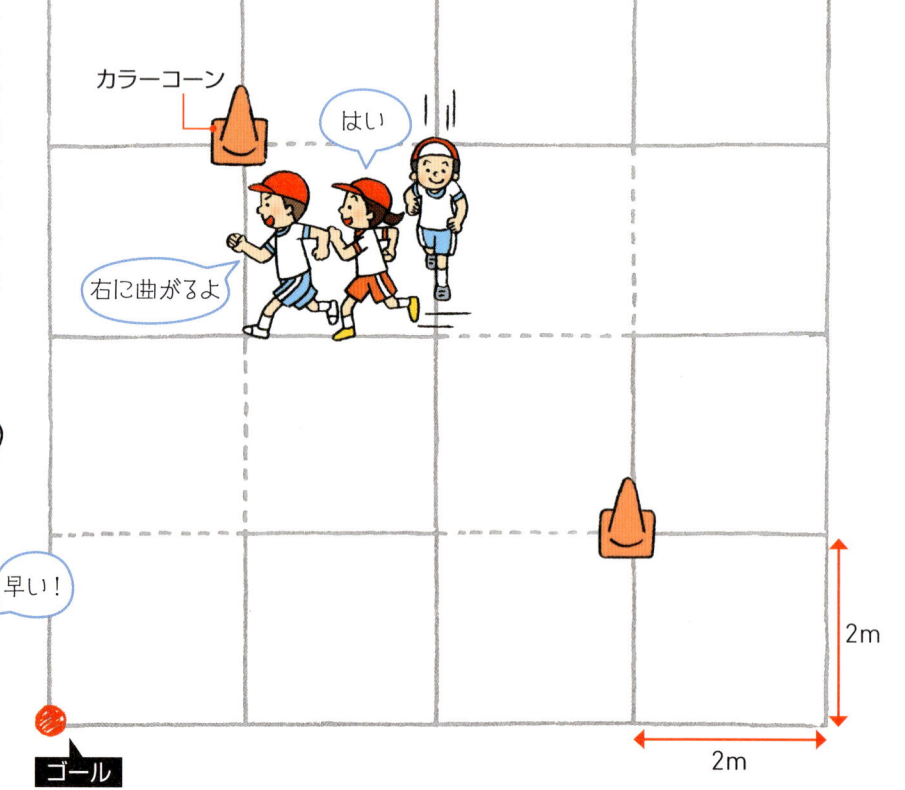

2m
2m

2 実線では走り、破線ではスキップ

3人組でチームをつくります。スタートの合図で、先頭のあとを他の2人がついていくように進みます。実線のところでは走り、破線のところではスキップをします。各角では必ず曲がり、途中で2本のカラーコーンに必ずふれなければいけません。早くゴールしたチームが勝ちです。

4人で同時対抗戦

1 各チーム1人ずつで同時に対戦

縦4×横3マスの長方形のコートをつくり、いくつかの線を破線にします。コートの端が各チームのスタート地点、その対角がゴールになります。スタートの合図で先頭の1人が走り始め、ゴールに早くついたチームに1点が入ります。

こんな声がけ
「スタートする前に行き方を考えておくんだよ」など、あらかじめ道順を考えるように促す。

Bスタート（Dゴール）
Aスタート（Cゴール）
Cスタート（Aゴール）
Dスタート（Bゴール）

ぶつかった
1マス戻らなきゃ
ゴールだ

2 他チームにぶつかったら1マス戻る

各角では必ず曲がり、実線では走り、破線ではスキップで進みます。誰かとぶつかったら、1マス戻ってそこから再スタートします。

ココがUP!
ルートを考えたり、実戦と破線で異なる進み方をしたりして、状況判断力が向上する。また、走ったり、スキップをしたりするので、下半身の筋力が身に付く。

筋力
状況判断力

走る・直角進行→スキップ&ダッシュ

★アレンジしてみよう★
→ 勝った人（あるいはチーム）に、実線では両足ジャンプ、破線では後ろ向きで走るようにするなど、ルールを変える。

147

高学年

屋外 屋内

投げる

パス係、囲む係とで協力してボールを回そう！

ボールホルダーを囲め！

パス係を順番に取り囲んでいき、パスされたボールを追いかけます。ボールを順番通りにパスしたり、追いかけて走ったりするなどして、状況判断力や敏捷性が身に付きます。

| 使用する道具 | ボール（ドッジボールなど） | 人数 | 10人以上 | 時間 | 3分 |

身に付く能力　巧緻性　敏捷性　状況判断力　協調性

1 パス係、囲む係を決める

10人組のチームをつくり、パス係を4人、囲む係を6人決めます。パス係はそれぞれ縦、横を5～10m離れて四角形になるように並び、順番に1～4の番号を振り分け、番号が1の人が始めにボールを持ちます。囲む係は四角形の中央で待機します。

2 番号順にパスを出す

先生が1～4の番号を適当に5つほど言います。パス係の4人は、1の人からその順番になるように、パスを出していきます。例えば「4、3、2、4、1」なら、1の人から4の人にパスを出してから、4→3→2→4→1という順番でパスをします。

3 パス係を4人で囲む

囲む係は、パス係の方に走ってその人を囲みます。囲む係の6人のうち4人が手をつないでパス係を囲んでいないと、パス係はパスが出せません。6人全員でパスを出す人の方に向かわず、2人はその次以降の人に先回りさせるのも戦略のうちです。

5～10m

走れ!!

パス

148

ここをチェック！

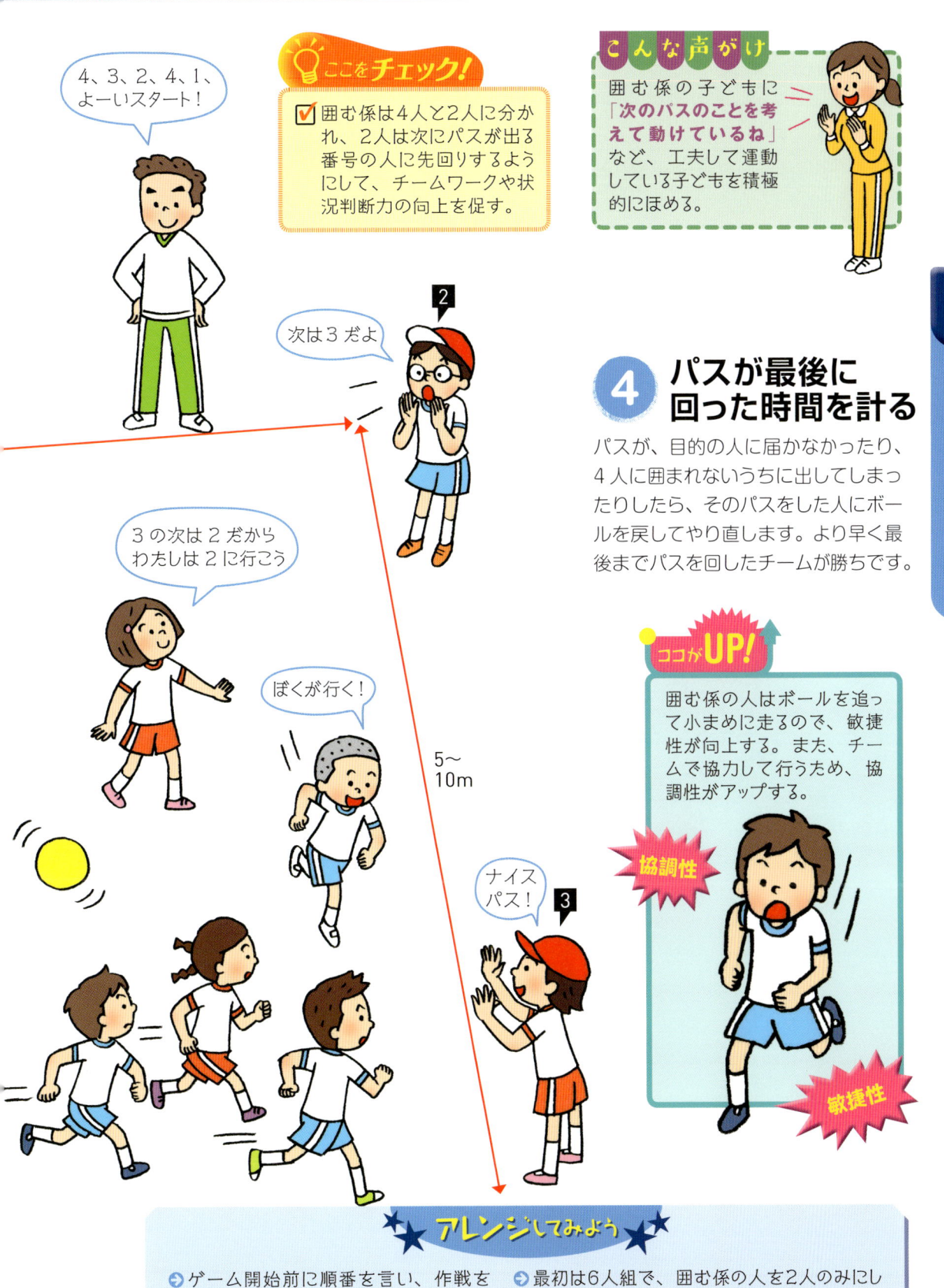

☑ 囲む係は4人と2人に分かれ、2人は次にパスが出る番号の人に先回りするようにして、チームワークや状況判断力の向上を促す。

こんな声がけ

囲む係の子どもに「次のパスのことを考えて動けているね」など、工夫して運動している子どもを積極的にほめる。

「4、3、2、4、1、よーいスタート！」

「次は3だよ」

「3の次は2だからわたしは2に行こう」

「ぼくが行く！」

5〜10m

「ナイスパス！」

④ パスが最後に回った時間を計る

パスが、目的の人に届かなかったり、4人に囲まれないうちに出してしまったりしたら、そのパスをした人にボールを戻してやり直します。より早く最後までパスを回したチームが勝ちです。

ココがUP!

囲む係の人はボールを追って小まめに走るので、敏捷性が向上する。また、チームで協力して行うため、協調性がアップする。

協調性 **敏捷性**

投げる ・ボールホルダーを囲め！

アレンジしてみよう

→ ゲーム開始前に順番を言い、作戦を立てさせてから始めるようにして、コミュニケーションの向上を図ってもよい。

→ 最初は6人組で、囲む係の人を2人のみにして、単純に1、2、3、4の順番でボールを回すなど、やさしくして慣れさせてもよい。

149

高学年 屋外 屋内

先生の指令をよく聞いて円を進もう

リアクション&サークル・ラン

先生の指令に反応して、サークルを1周します。指令を集中して聞き、とっさに判断して行動する練習になります。

走る

| 使用する道具 | なし | 人数 | 10人以上 | 時間 | 3分 |

身に付く能力 タイミング力 敏捷性 集中力 状況判断力

1 自分の番号を覚えよう

10人以上（イラストは12人の場合）で円をつくります。左右の間隔が均等になるように並び、内側を向いて立ちます。時計回りに番号を割り振り、自分の番号を覚えるようにします。

「奇数番号の人は赤帽子を被ってね」

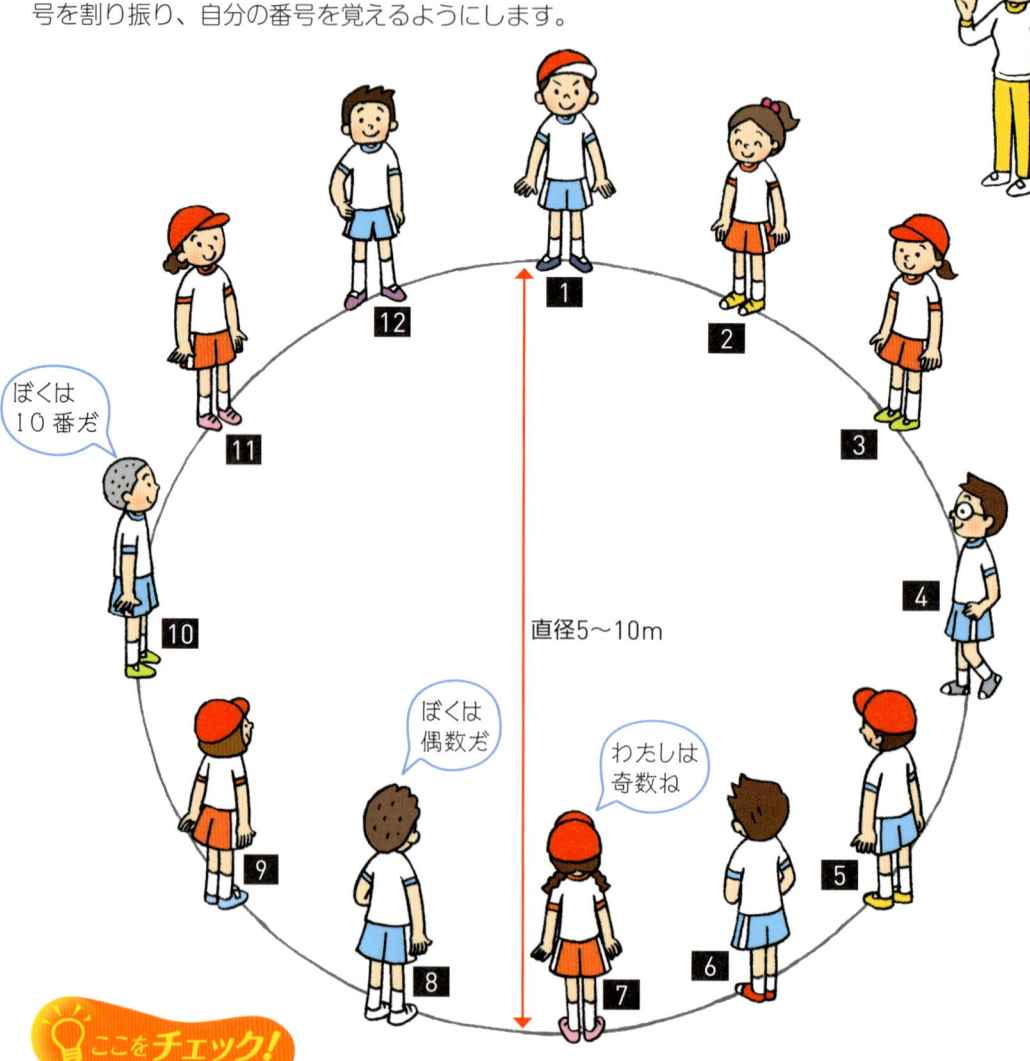

「ぼくは10番だ」

「ぼくは偶数だ」

「わたしは奇数ね」

直径5〜10m

ここをチェック!

- ☑ 奇数番号の人は赤帽子を被るなどして、自分が奇数・偶数どちらなのかを覚えるようにする。
- ☑ 「偶数番号の人、手を上げて!」「3番の人は返事をして!」などと、声がけをして、番号を覚えているかを確認する。

150

2 先生の指令に従って円を1周する

先生が「偶数番号の人、反時計回りで走る！」という指令を出します。この場合は、偶数番号の人が反時計回りに、奇数番号の人をジグザグに抜けるようにして1周走ります。他にも「奇数番号の人、時計回りにスキップ」など、指令のレパートリーを増やして行います。

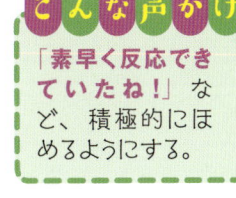

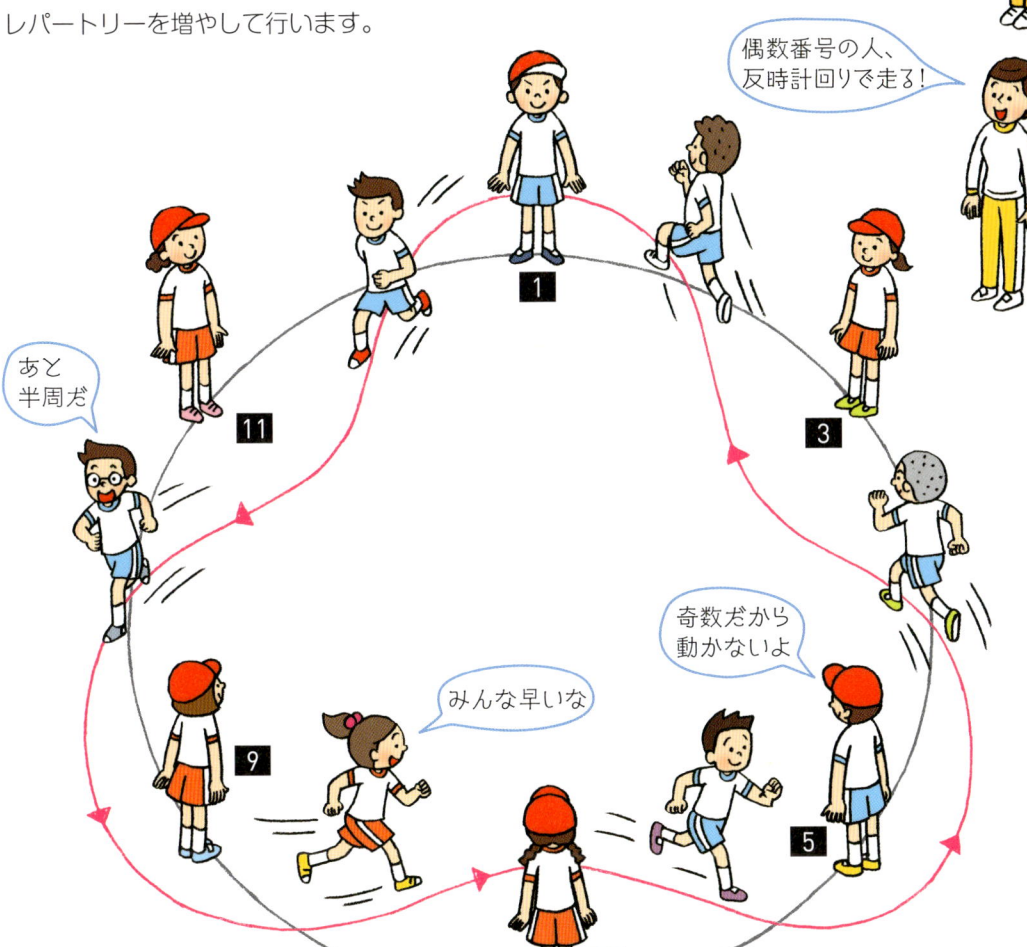

こんな声がけ
「素早く反応できていたね！」など、積極的にほめるようにする。

「偶数番号の人、反時計回りで走る！」

「あと半周だ」

「みんな早いな」

「奇数だから動かないよ」

ココがUP!
先生の指令を聞き逃さないようにするため、集中力が向上する。また、指令を受けてすぐ行動に移すことにより、タイミング力や敏捷性も上がる。

敏捷性
タイミング力

アレンジしてみよう
→ バスケットボールやサッカーボールを用いて、ドリブルの動作を加えて行う。

走る・リアクション＆サークル・ラン

151

高学年 屋外 屋内

走る

素早くカラーコーンを回って、ボールをつなごう

対面リレー

ドリブルしてカラーコーンを回りながら進み、さらにチームで協力してボールをつないでいきます。バスケットボールの練習に最適です。

使用する道具 カラーコーン3本・ボール（ドッジボールなど）2個　**人数** 大勢　**時間** 5分

身に付く能力 身体バランス力　タイミング力　巧緻性　敏捷性　協応性　協調性

1 カラーコーンを回る道のりを覚える

5人組を2チームつくります。チームごとに列になって並び、2チームで向かい合います。両チームの間にカラーコーンを3本並べて置きます。カラーコーンを回って抜けるような道のりを決めて、あらかじめ確認しておきましょう。

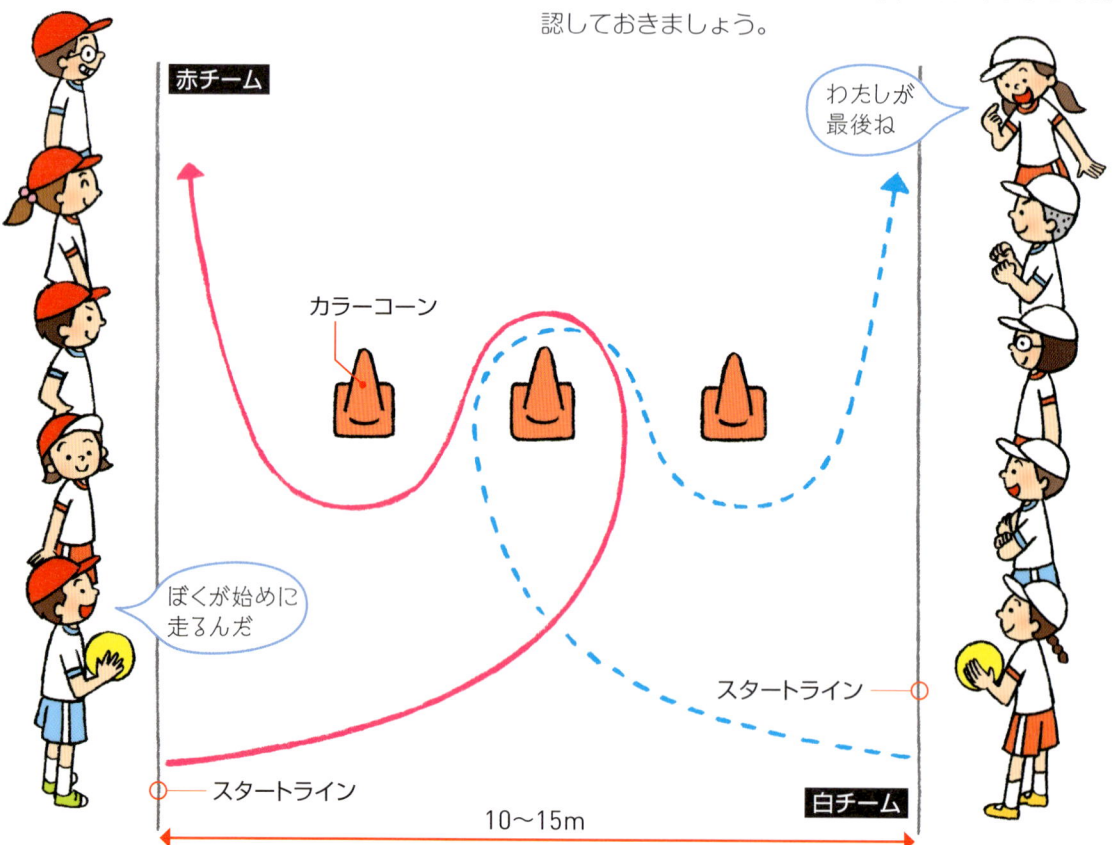

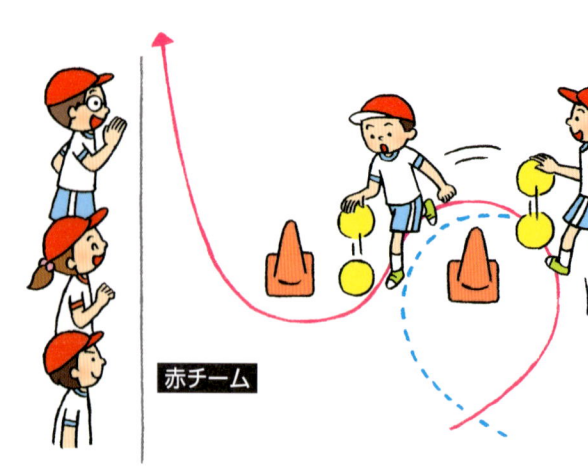

赤チーム／白チーム／カラーコーン／スタートライン／10〜15m

「ぼくが始めに走るんだ」「わたしが最後ね」

2 ドリブルしながら道のりを進む

先生の合図で先頭の人がスタートします。ドリブルをしながら、決められた道のりを回って、チームの列の最後尾につき、前の人にボールを手渡しします。

赤チーム

③ ボールを先頭に回して先頭スタート！

前の人へと順にボールを手渡しして、チームの先頭まで回します。ボールが回ってきた先頭の人は、同じようにドリブルしながら道のりを進み、最後尾の人にボールを手渡しして回します。アンカーが1番早くゴールしたチームが勝ちです。

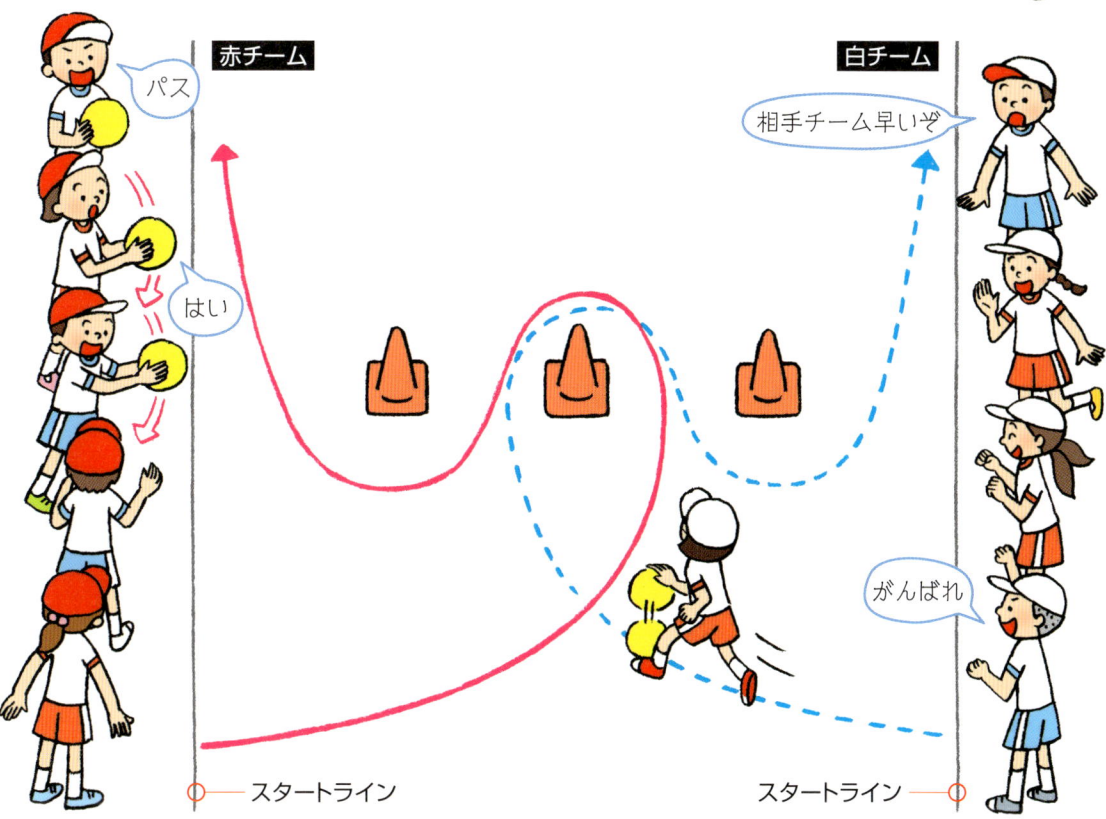

こんな声がけ

「始めの走者は早い人にする？ それとも、アンカーを早い人にする？」など、順番をチームで相談させ、コミュニケーションを促す。

赤チーム／白チーム

パス／はい／相手チーム早いぞ／がんばれ

スタートライン

走る・対面リレー

ココがUP!

ドリブルしながらカラーコーンを回って進む。この細かな動きで、協応性や巧緻性が身に付く。また、チームで早さを競うことにより、協調性や敏捷性が向上する。

敏捷性／協応性／巧緻性

アレンジしてみよう

→ ドリブルをサッカーのように足で行ったり、風船をポンポンと打ち上げながら行ったりと、球種を変えてもよい。

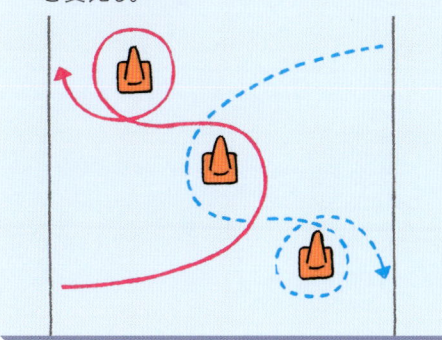

→ コーンの位置をアレンジして、進む道を変える。

高学年 屋外 屋内

ゴールまでボールを運べるかチームワーク勝負！
ボールの運び屋にタッチ

ラグビーのようにして、攻撃チームはゴールラインまでボールを運びます。防御チームはそれを阻止します。チームワークが試されるゲームです。

走る

使用する道具 ボール（ドッジボールなど）　**人数** 12人ほど　**時間** 10分
身に付く能力 巧緻性　敏捷性　状況判断力　協調性

1 ボールを渡して「アタック」スタート！

6人組を2チームつくり、攻撃・守備に分かれます。それぞれのチームは、スタートラインを出ないようにして散らばります。攻撃側は、始めにボールを持った人が股の間から後ろのチームメイトにボールを渡して「アタック」開始。

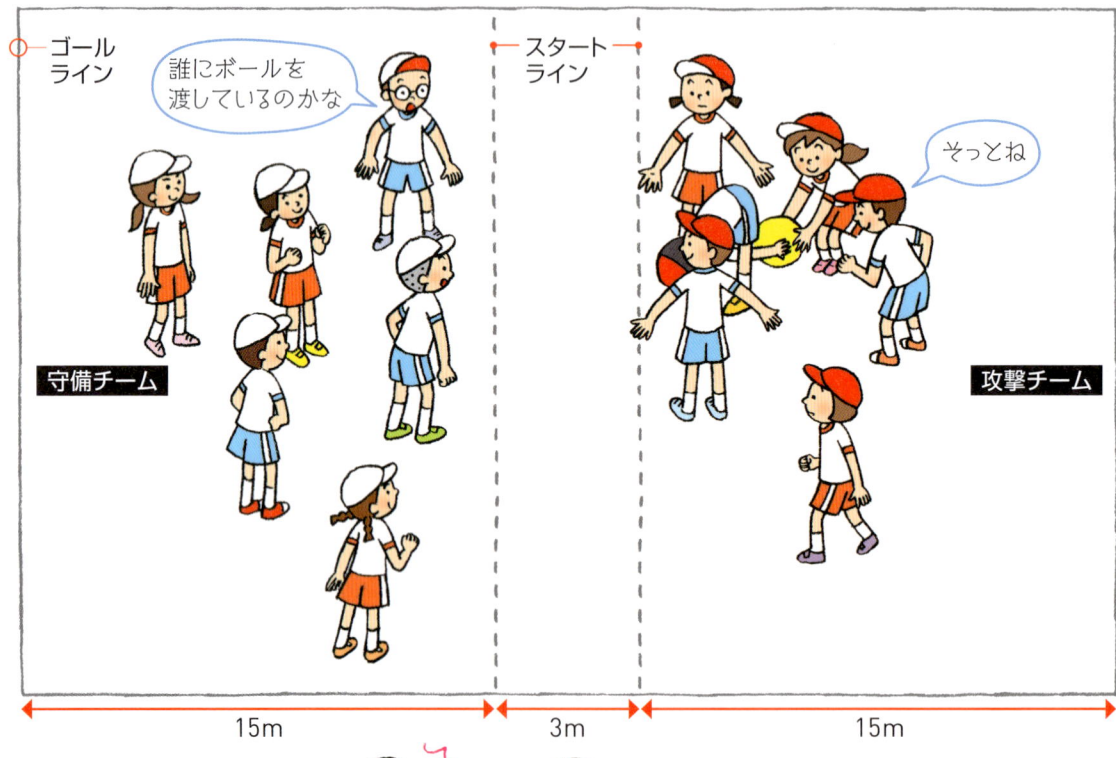

ゴールライン　スタートライン
誰にボールを渡しているのかな
そっとね
守備チーム　攻撃チーム
15m　3m　15m

あれ!? ボールを持っていない！
タッチ

2 ボールを持った人をタッチ

攻撃側は、ボールを持ってゴールラインを目指して走ったり、パスしたりします（アタック）。攻撃側がゴールラインに向かってきたら、守備側はスタートラインを越えて動くことができます。ボールを持った人にタッチすると、攻撃側の動きを止めることができます。

3 タッチされた場所で再スタート

ボールを持った人がタッチされてその場で止まったら始めと同じように、股の間から後ろのチームメイトにボールを渡して再スタート。守備側は、そのスタートまで攻撃側の人から3m離れなければなりません。攻撃側がゴールラインから5m以内にタッチされた場合は、ゴールラインより5m離れた位置からの再スタートになります。アタックは3回までできます。

こんな声がけ

「攻撃チームはどのようにして1点とる？」
「防御チームはゴールラインを越えられないためにはどうする？」
など、作戦を立てるように声がけをして、コミュニケーションを促す。

ゴールライン

4 3回のアタックでゴールしよう

攻撃チームは、3回のアタックでゴールラインを越えられれば1点です。3回でゴールできなかったり、点が入ったりすると攻守を交代します。制限時間の10分で繰り返し行い、得点を競います。

ココがUP!

攻撃チームは、ボールをチームメイトにパスしてゴールラインまで素早く走るため、協調性や敏捷性が向上する。

協調性
敏捷性

ここをチェック!

☑ 攻撃チームは、誰がボールを持っているのか相手にわからなくさせるように作戦を工夫させ、ボールを持っていない子どもも活躍するように促す。

走る・ボールの運び屋にタッチ

リズミカルジャンプ

高学年 屋外 屋内 跳ぶ

ひもをハードルにして、走る！跳ぶ！

数本のひもをリズムよくジャンプして、素早くゴールします。ハードル走の練習に最適です。身体バランス力やタイミング力の向上に効果があります。

| 使用する道具 | ひも（ゴム製）4本 | 人数 | 大勢（9人以上） | 時間 | 3分 |

身に付く能力　筋力　身体バランス力　タイミング力　敏捷性

1人でジャンプする場合

1 平行になるようにひもを持つ

8人を4人ずつの2列に分け、列で向かい合って並びます。隣の人と間隔を1m空けて立ち、正面の人とひもを跳び越えられるほどの高さで持ちます。走者はスタートラインに並びます。

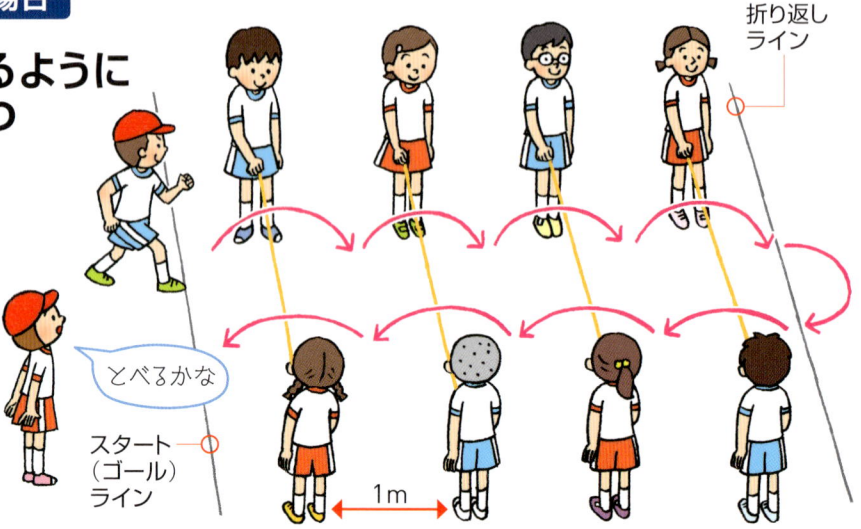

「とべるかな」

折り返しライン
スタート（ゴール）ライン
1m

2 リズムよくジャンプして進む

走者は先生の合図でスタートして、ひもをジャンプして進みます。折り返して、ゴールした時間を計ります。リズムよくジャンプできるように、ジャンプのしかたやジャンプするタイミングなどをあらかじめ確認しておきましょう。

「えい」

ここをチェック！

☑ ケガを防ぐため、ひもに引っかかったときに手からひもが抜けるくらいの力で持つ。また、輪ゴムでつくったひも（つくり方→P38「ここをチェック」）を使用してもよい。

ココがUP！

等間隔のひもをリズムよくジャンプすることにより、下半身の筋力やリズム感覚、タイミング力が身に付く。

タイミング力　筋力

2人でジャンプする場合

1 交差するようにひもを持つ

1人でジャンプする場合と同じように2列になり、列で向かい合って並びます。隣の人と間隔を1m空けて立ち、前の列の人とひもが交差するようにして、跳び越えられる高さで持ちます。ひもとひもの間隔がまばらになるようにしましょう。走者の2人はその正面に並びます。

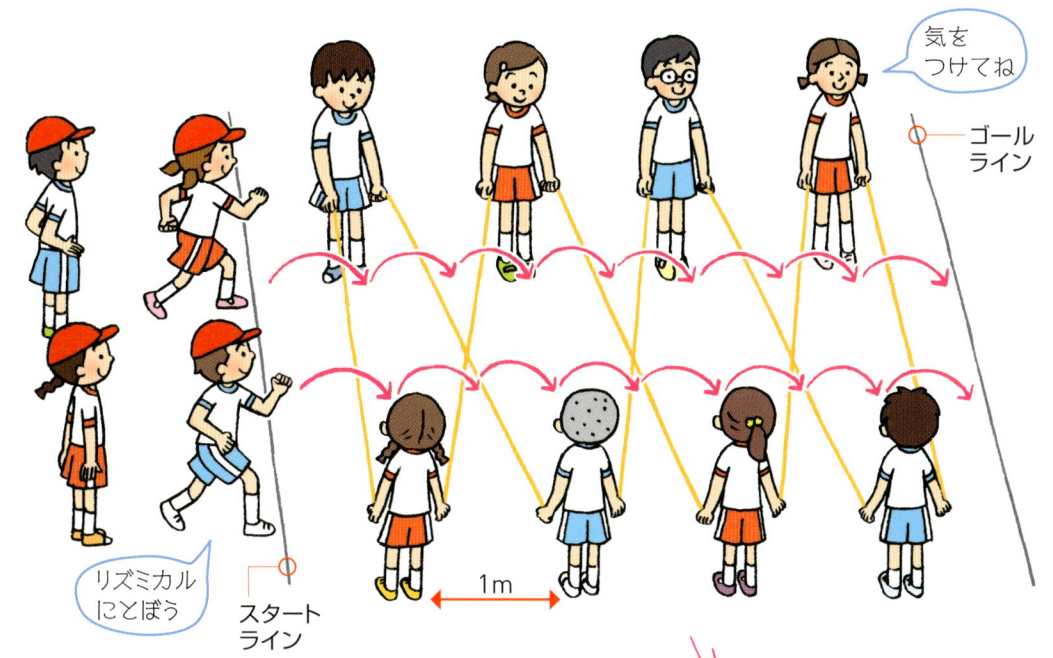

気をつけてね

ゴールライン

リズミカルにとぼう

スタートライン

1m

2 どちらが先にゴールするかを競う

走者の2人は、先生の合図でスタートしてひもをジャンプして進みます。往復ではなく片道で、先にゴールした人の勝ちです。

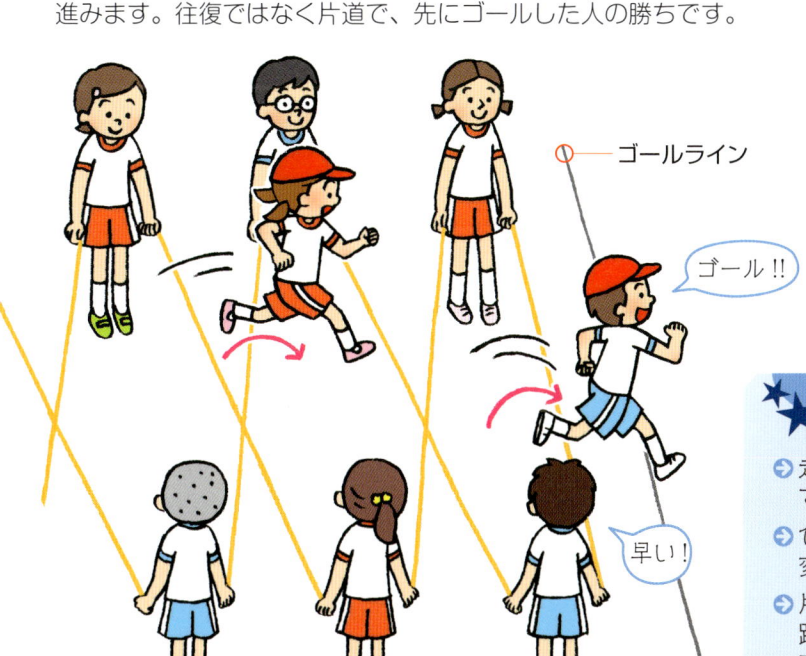

ゴールライン

ゴール!!

早い!

こんな声がけ
走者のジャンプに合わせて「**トン、トン、トン…**」などと、声がけをして、走者がリズムよくジャンプできるようにする。

★ アレンジしてみよう ★
- 走者を2人にして、手をつないで行う。
- ひもの高さを、持つ人によって変えて難しくする。
- 片足跳び、またぎ跳び、両足跳びなど、さまざまな跳び方で行う。

跳ぶ・リズミカルジャンプ

高学年

屋外 屋内

その他

どちらに加勢するか状況判断が重要な綱引き
スリーチーム綱引き

2チームが綱引きをして、もう1チームはどちらかに加勢します。綱の中心に結んだリボンがA、B、Cチームのゾーンのどこにあるかで勝敗が決まります。

| 使用する道具 | 綱引き用の綱 | 人数 | 大勢（12人以上） | 時間 | 3分 |

身に付く能力 筋力 持久力 状況判断力 協調性

1 A、Bチームが綱を持ち、Cチームは待機

4人組でA、B、Cの3チームをつくります。綱の中心には目安になるリボンを付け、また、中心近くの地面に50cmほどの間隔を空けて2本の線をかいておきます。AチームとBチームで向かい合って綱引きの綱を持ちます。Cチームは両チームに加勢に行けるような位置で待機します。

「タイミングを合わせて引こうね」

「リボンがBチームのゾーンの上にいくように引けばいいんだね」

リボン
Aチームゾーン／Cチームゾーン／Bチームゾーン
50cm

Aチーム　Bチーム　Cチーム

「リボンがBチームのゾーンに…」
「負けている」
「Aチームに加勢するぞ」

Aチーム　Cチーム

2 Cチームは状況をよく見て加勢する

先生の始めの合図で、A、Bチームは綱のリボンが自分のチームのゾーンにいくように引きます。Cチームは両チームの様子とリボンの位置をよく見て、自分のチームのゾーンになるように、手分けして他チームに後ろから加わって綱を引きます。

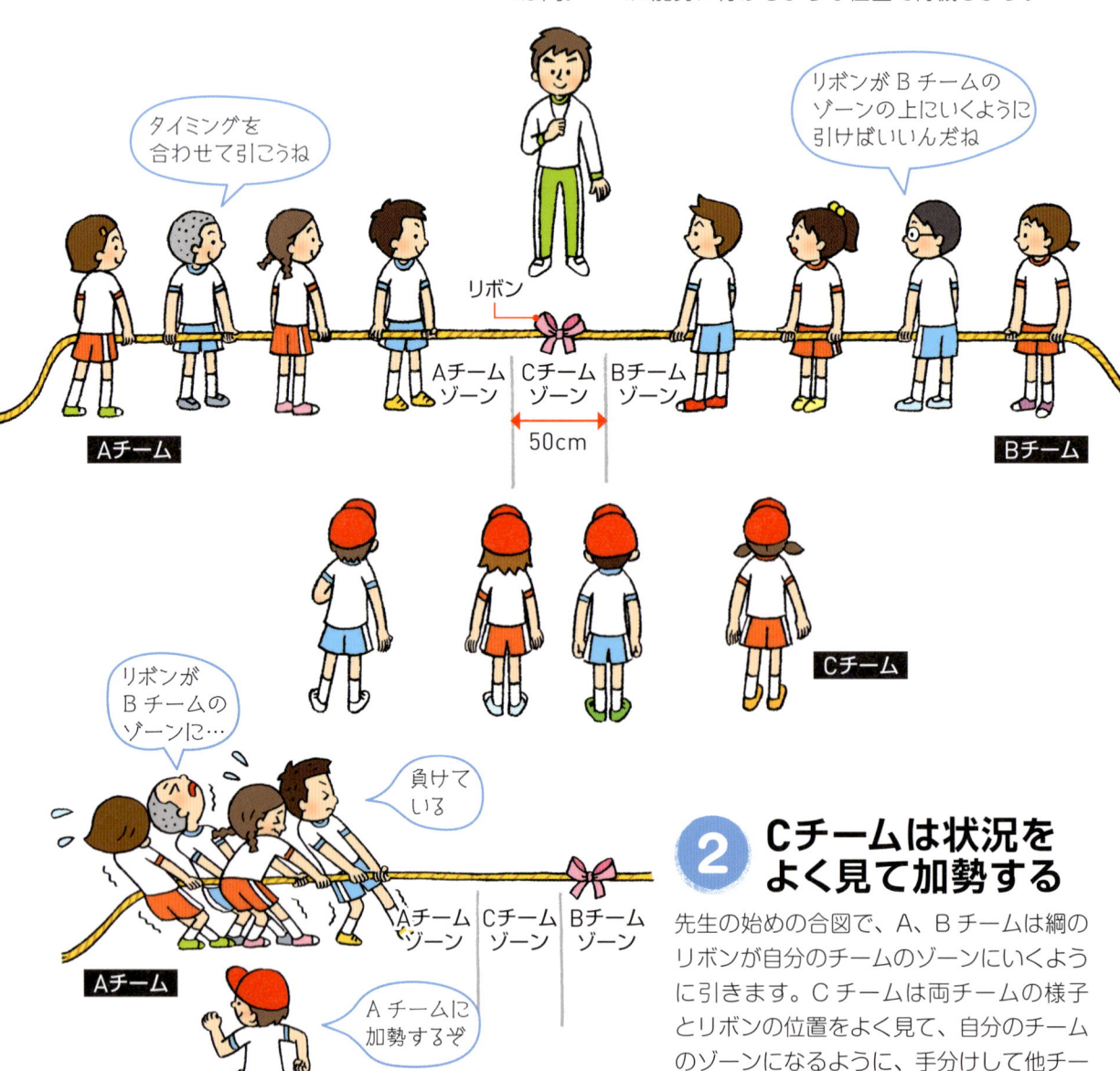

3 リボンの位置で勝敗を決める

スタートから30～50秒で終了の合図を出します。そのときにリボンの位置が、自分のゾーンにあったチームの勝利となります。A、B、Cで交代して3回戦を行い、勝率を競いましょう。

こんな声がけ
負けているチームに「せーの！ せーの！」など、リズムよく綱を引くように促す。

あと10秒

勝っているよ

がんばれー

Aチーム

Aチームゾーン ／ Cチームゾーン ／ Bチームゾーン

Bチーム

Bチームにもう1人加勢した方がいいかな

Cチーム

ここをチェック！

- ☑ 勝敗が簡単に決まらないよう、運動能力が均一になるようにチームを編成する。
- ☑ チームで並び方や綱の引き方などで戦略を立てさせ、コミュニケーションをとるように促す。
- ☑ Cチームが加われるように、綱の長さに余裕があるようにする。

ココがUP！

綱引きをチームで力いっぱいに引っ張ることにより、協調性や下半身の踏ん張る筋力が身に付く。また、Cチームは状況をよく見て行動するため、状況判断力が向上する。

状況判断力　筋力　協調性

その他・スリーチーム綱引き

高学年 屋外 屋内

投げる

動くボールに書かれている番号がわかるかな？

ウォッチ・ザ・ボール

数字が書かれたボールを投げ合い、その数字を読み当てます。読み取りやすいようにボールの投げ方を工夫するなど、チームワークと巧緻性が発揮されるゲームです。

| 使用する道具 | ボール（ゴムボールなど）9個 | 人数 | 大勢（8人以上） | 時間 | 2分 |

身に付く能力 巧緻性 集中力 状況判断力 協調性

1 数字が書かれたボールを用意

ボールを9個用意し、1〜9の数字を書きます。8人組でチームをつくり、ボールを投げる6人、ボールに書かれた数字を読み取る2人に分かれます。ボールを投げる人はペアになって、5m空けて2列に並びます。数字を読み取る人はボールを投げる人の列の正面に立ちます。

2 ボールの数字を読み取る

先生の合図で、ボールを投げるペアは数字が書かれたボールを投げ合います。数字を読み取る人は、投げられたボールの数字をコールします。当たったら、他の数字のボールを投げます。9個のボール全てを読み取るまでの時間を計り、他のチームと競います。

「はい」「パス」「4番正解！」「4番だ！」「3番かなぁ」

ここをチェック！
☑ ボールを投げる人はゆっくりと、見えやすいようにボールを投げる。

ココがUP!
ボールの数字を読み取る人は、状況判断力や集中力が身に付く。投げる人は、チームに数字を読みやすく投げるように工夫することで、巧緻性や協調性が向上する。

巧緻性　集中力

切り替え上手

高学年 屋外 屋内 その他

右手・左手の動作を左手・右手にチェンジ！

ボールを使って右手、左手で違う動作を行い、合図と同時にその動作を反対の手に切り替えます。音楽をかけながら行いましょう。

| 使用する道具 | ボール（ドッジボールなど）2個 | 人数 | 1人 | 時間 | 1分 |

身に付く能力　身体バランス力　タイミング力　巧緻性　協応性　集中力

「スリスリ」「トントン」をチェンジ

座って行います。右手は頭をスリスリとさすって、左手はひざを軽くたたきます。先生の「チェンジ！」の合図で、右手、左手の動作を逆にします。これを5秒間隔で何回か繰り返しましょう。

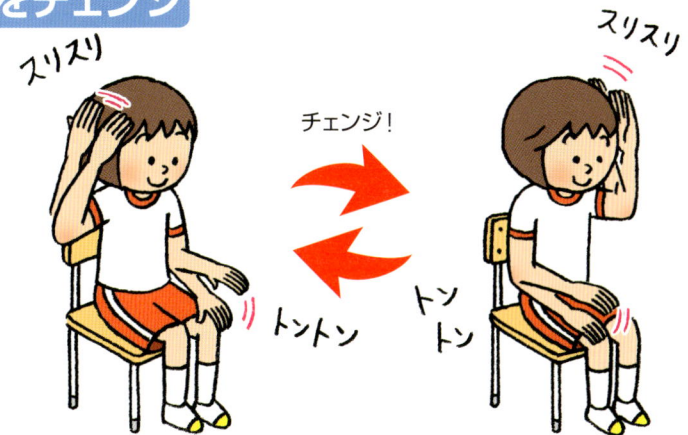

スリスリ　チェンジ！　スリスリ
トントン　トントン

動作を逆にするよ。
3、2、1、チェンジ！

「ドリブル」「投げ上げ」をチェンジ

左手でドリブルを行い、そのドリブルの3回に1回ほどのタイミングで、右手でもう1つのボールを投げ上げます。先生の「3、2、1、チェンジ！」の合図で右手、左手の動作を逆にします。これを10〜20秒間隔で何回か繰り返しましょう。

よいしょ!!　チェンジ！　よいしょ!!

ココがUP!

左右の手で違う動作をするだけでも協応性や身体バランス力が向上する。合図で逆の動作をすることにより、タイミング力も上がる。

協応性　タイミング力

こんな声がけ

「前より続けられているね」「1回チェンジ成功できたね。次は2回だ」など、モチベーションを上げる声がけをする。

その他　投げる
・切り替え上手
・ウォッチ・ザ・ボール

高学年

屋外 屋内

コールの番号に全速力タッチ！
ナンバー・タッチ・ラン

コールされる4つの番号の人に順番にタッチします。最短の行路を素早く判断するゲームです。集中して先生の合図を聞く練習にもなります。

走る

- 使用する道具：ビブス
- 人数：18人
- 時間：5分
- 身に付く能力：筋力 持久力 タイミング力 敏捷性 状況判断力

1 「田」の字型に番号順に並ぶ

9人組を2チームつくり、先攻・後攻を決め、後攻側は1〜9の番号を振ります。地面に1辺5mの「田」の字型をかき、各辺の交点に、1列目は1〜3、2列目は4〜6、3列目は7〜9の人が番号順に並びます。先攻側は1列目から5m離れたスタートラインを先頭に並びます。

2 コールされた番号の順にタッチ

先生がランダムに4つの番号をコールし、先攻側の先頭がスタートします。コールされた4つの番号の順に、その人にタッチしていき、再びスタートラインに戻ります。次走者も同じように行います。先攻・後攻を交代して行い、合図からゴールするまでのチームの合計時間を競います。

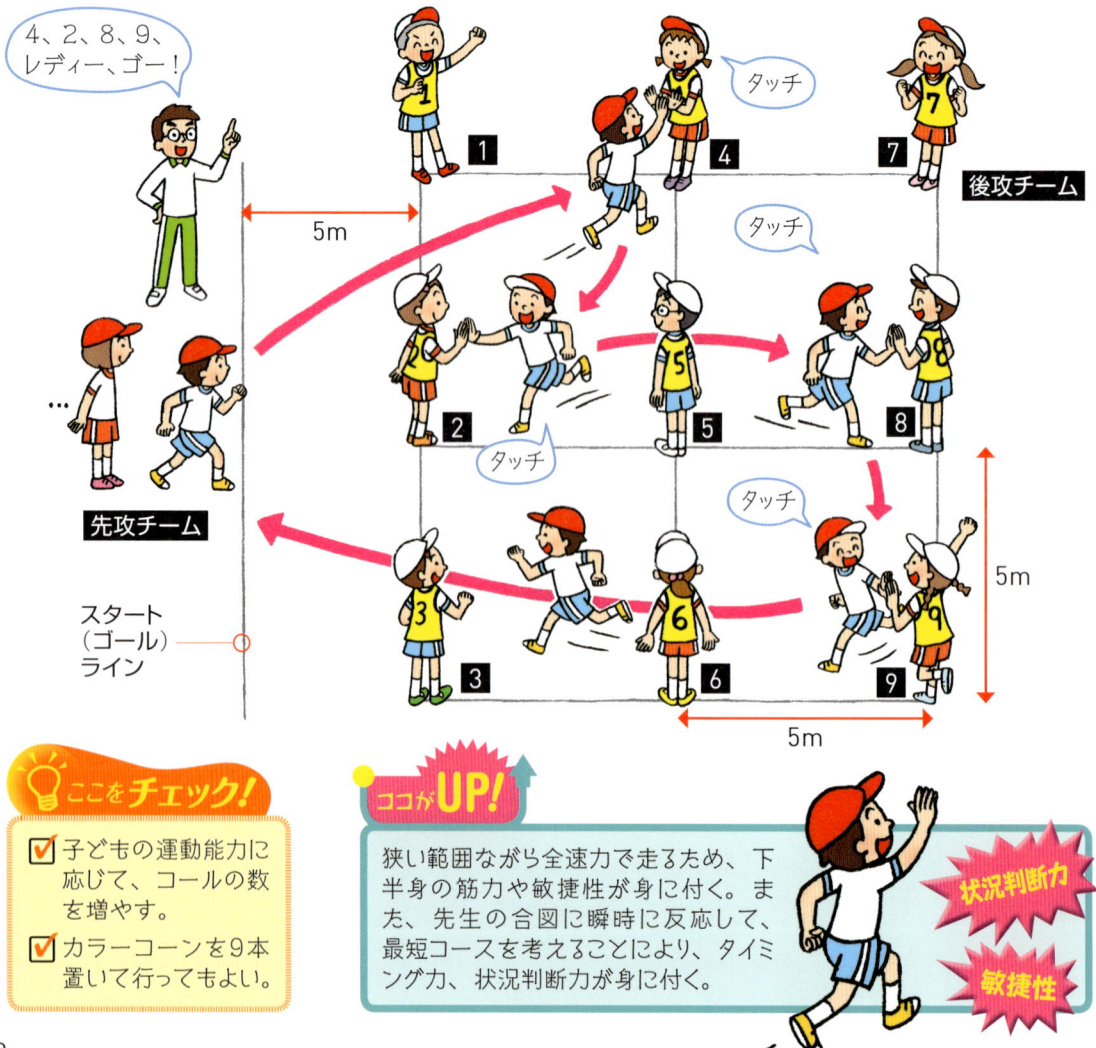

4、2、8、9、レディー、ゴー！

先攻チーム

スタート（ゴール）ライン

後攻チーム

タッチ

5m

5m

5m

ここをチェック！

- ☑ 子どもの運動能力に応じて、コールの数を増やす。
- ☑ カラーコーンを9本置いて行ってもよい。

ココがUP！

狭い範囲ながら全速力で走るため、下半身の筋力や敏捷性が身に付く。また、先生の合図に瞬時に反応して、最短コースを考えることにより、タイミング力、状況判断力が身に付く。

状況判断力

敏捷性

風船的当て

高学年 ｜ 屋外・屋内 ｜ 投げる

球を当てて風船を動かせ

風船に球を投げ当て、ポイントゾーンに移動させて得点を競います。投げ方を工夫するため、ボールを投げる運動の練習に効果的です。

| 使用する道具 | 風船8つ・玉入れの球24個 | 人数 | 大勢（8人以上） | 時間 | 2分 |

身に付く能力　巧緻性　集中力　状況判断力　協調性

1 風船を中央に置いて両チーム向かい合う

4人組を2チームつくり、距離を空けてチームで向かい合うようにしてスローラインに並びます。両チームの中央には風船を8つ置きます。各自、球を3個持ちます。

2 球を投げて風船をポイントゾーンに

先生の合図で、チームのポイントゾーンに風船が移動するように球を投げ合います。全員が球を3個投げ終わったり、制限時間の2分をすぎたりしたときに、ポイントゾーンにある風船が多いチームの勝ちです。

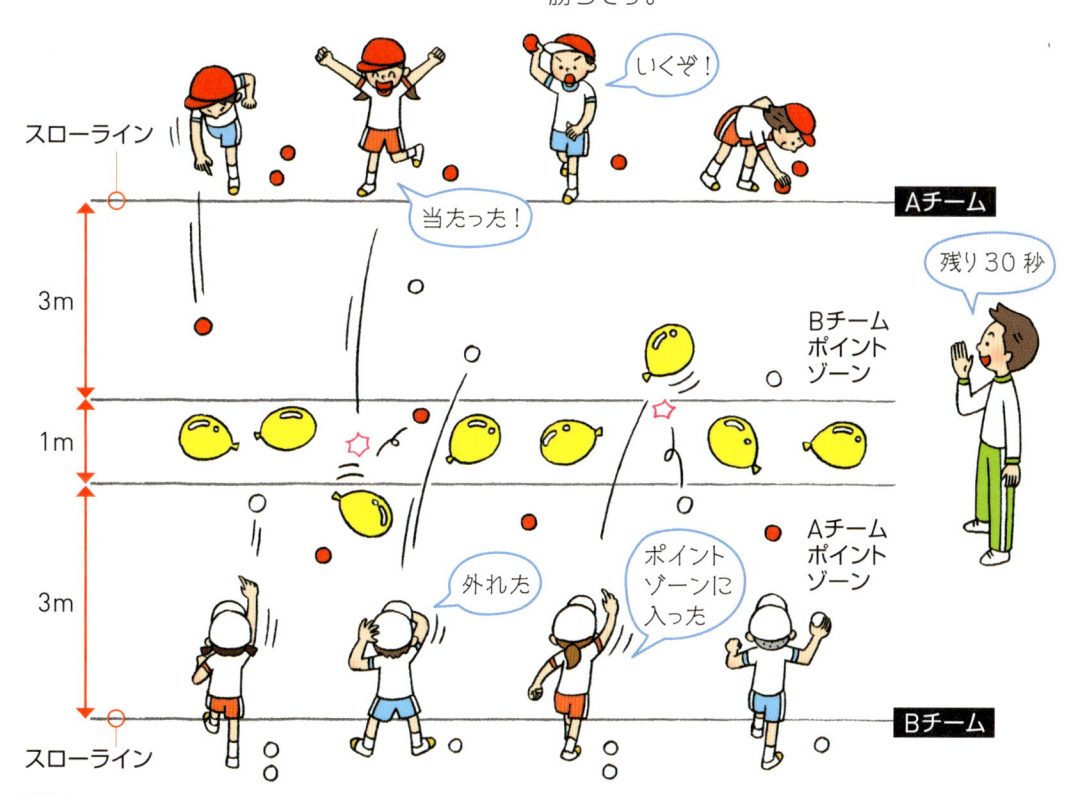

ここをチェック！

- 運動能力に応じて、スローラインを風船に近づける。
- 風船の代わりに大きいボール（ドッジボール）を使ってもよい。
- 誤って相手チームの人に球を投げないように気をつける。

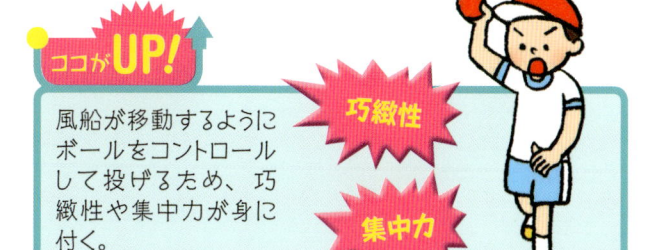

ココがUP！

風船が移動するようにボールをコントロールして投げるため、巧緻性や集中力が身に付く。

巧緻性　集中力

高学年 屋外 屋内

走る

かかとでパス！　かかとでシュート！
ヒールキック —パス&シュート—

サッカーのように行いますが、パスとシュートは必ずかかとで蹴ります。
かかとでボールを扱うため、巧緻性が身に付き、サッカーの練習に最適です。

使用する道具 サッカーボール1個・カラーコーン4本　**人数** 10人　**時間** 10分

身に付く能力 身体バランス力　巧緻性　協応性　状況判断力　協調性

1 カラーコーンをゴールに見立てる

5人組を2チームつくります。10〜15×15〜20mの横長のコートをつくり、両端から2m内側の位置にカラーコーンをそれぞれ2本ずつ設置します。これをサッカーのゴールに見立てます。ジャンケンをして、始めにボールを持つチームを決めます。

2 パスとシュートはかかとでキック

先生の合図でサッカーを始めます。ただし、パスとシュートは必ずかかとで行い、キーパーは決めずに全員手を使ってもいけません。カラーコーンの裏側からのシュートもゴールとします。10分間の制限時間でゴールした回数を競いましょう。

（図：コート 15〜20m × 10〜15m、コーン間2m）

こんな声がけ
「いいパスだね」「（かかとで蹴るために）体を上手くターンさせていたね」など、ほめる声がけを積極的にする。

ココがUP!
かかとでパスとシュートをするときに、後ろ向きに体を回転させるため、身体バランス力や、体の各部を連携させて運動する協応性が向上する。

身体バランス力　協応性

高学年	水の入った重いペットボトルを運ぶ
屋外 屋内	# 水の運び屋

自分の陣地に、相手のペットボトルをより多く運べるかを競います。重い物を持って走ったり、ジャンプをしたりするので、筋力や持久力のトレーニングに最適です。

使用する道具 ペットボトル…障害物用18本…持ち運ぶ用20本以上　**人数** 10人　**時間** 3分

身に付く能力 筋力　持久力　タイミング力　敏捷性　状況判断力　協調性

跳ぶ

1 陣地に水入りのペットボトルを置く

5人組を2チームつくります。両チームの陣地を10m離してつくり、そこに水の入ったペットボトルを1チーム10本以上として、2チームで容量が均等になるように分けて置きます。2チームの間には、障害物を3か所ずつつくり、ペットボトルを1か所につき3本置きます。チームの先頭の人から順にスタートラインに並びます。

2 相手のペットボトルを自分の陣地に運ぶ

先生の合図で、先頭の人からスタートして、相手チームの陣地にあるペットボトルを自分の陣地に運びます。ペットボトルを持って戻るときは、障害物のペットボトルを跳び越えて戻ります。制限時間を3分間として、最後に陣地にあるペットボトルの合計容量が大きいチームの勝ちです。

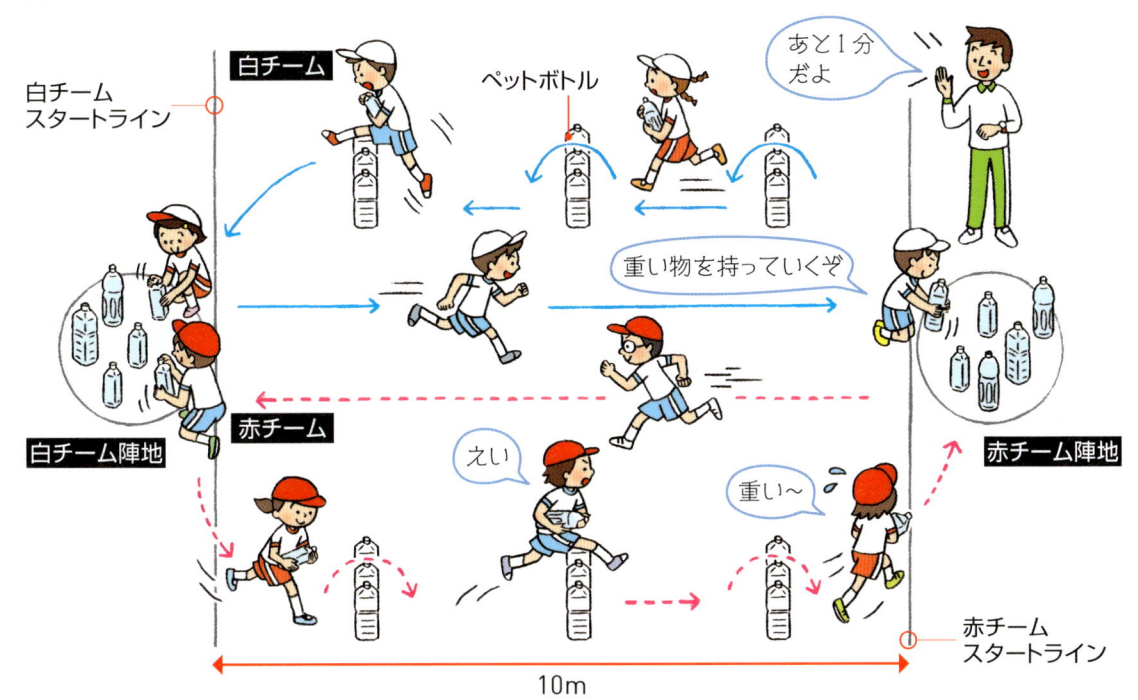

跳ぶ・走る
・水の運び屋
・ヒールキック
・パス＆シュート

白チームスタートライン　白チーム　ペットボトル　あと1分だよ
重い物を持っていくぞ
白チーム陣地　赤チーム　えい　重い〜　赤チーム陣地
赤チームスタートライン
10m

ここをチェック!

☑ 運動能力に応じて、ペットボトルの容器を500mLにするなどして、軽くする。

☑ 誰がどの重さのペットボトルを運ぶかなど、チームで作戦を考えさせてコミュニケーションを促す。

ココがUP!

重い物を持って走ったり、ジャンプしたりすることにより、腕周り、下半身の筋力が身に付く。また、障害物をジャンプして渡るため、タイミング力が向上する。

タイミング力　筋力

高学年

屋外 屋内

クイック・ターン・パス

「パスしてターン」を10往復

跳ぶ

短い距離を何度も往復し、蹴るパス、投げるパスを交互に繰り返します。蹴る、投げるの基本動作の習得に適しています。

使用する道具 ボール（サッカーボールなど）6個　**人数** 6人　**時間** 5分

身に付く能力 持久力　タイミング力　巧緻性　敏捷性　協応性　状況判断力　協調性

1 投げるパス、蹴るパスを返す

3人組を2チームつくります。各チーム1列に、3〜5mの間隔を空けて並び、中心には障害物となるボールを置きます。両端の人がボールを持ちます。先生の合図で、片側の端の人が投げるパスをしてスタート。真ん中の人は同じように投げるパスで返します。

2 パスを返したらターン！

真ん中の人はターンして障害物を越え、反対側に移り、もう片側の端の人から蹴るパスを受けたら同じようにして返します。これを繰り返し、真ん中の人が早く10往復できたチームの勝ち。両端の2人と交代してゲームを続け、計3回戦を行います。

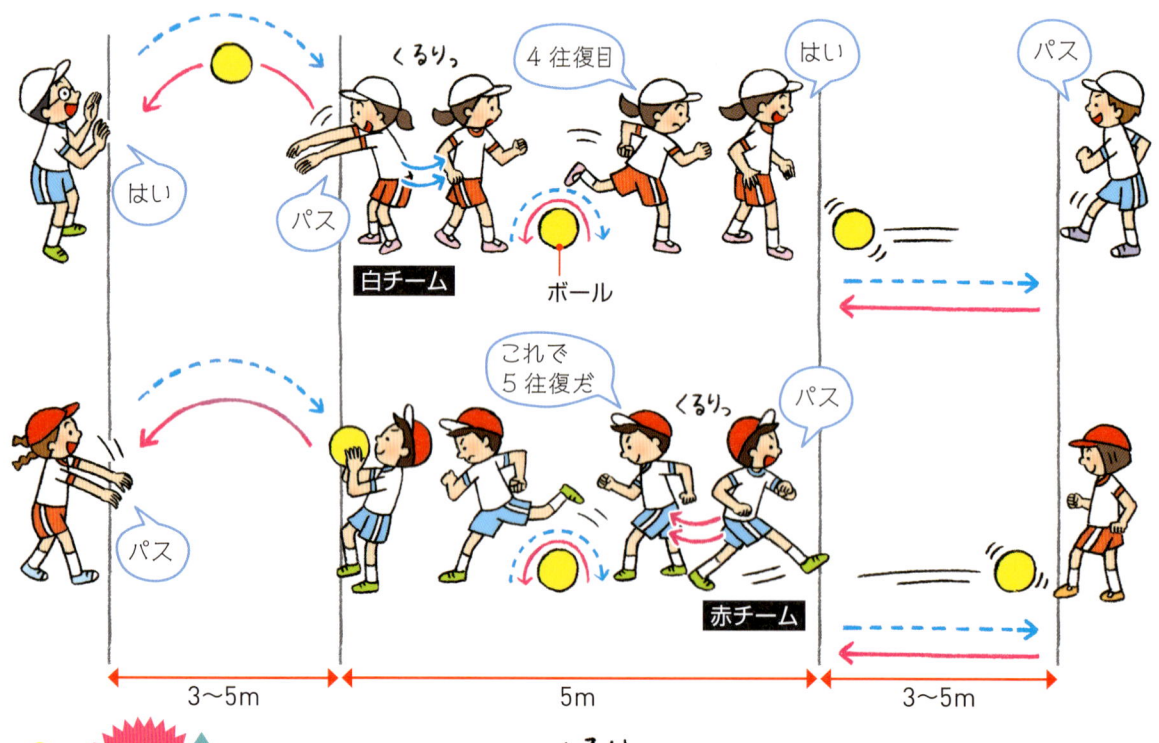

ココがUP!

投げる、蹴る、跳ぶと異なる動作を連続で行うことから、持久力やボールを扱う巧緻性、さまざまな動作を同時に行う協応性が向上する。チームで息を合わせて行動するので協調性もアップする。

持久力　協応性

ここをチェック！

- ☑ 最初は、両サイドへ蹴るパス、あるいは投げるパスだけでゲームをするのもよい。
- ☑ 体力のない子どもの場合は、距離を短くして行うなど工夫をする。

高学年 屋外 屋内

笛の回数でオニが決まる
コール・タッチ・ゲーム

白チームと赤チームで向かい合い、笛を鳴らした回数でオニが決まります。
「あっちがオニだ!」「さあ逃げろ!」

走る

| 使用する道具 | 笛（ホイッスルなど） | 人数 | 大勢（2人以上） | 時間 | 3分 |

身に付く能力　タイミング力　敏捷性　集中力

1 両チームで対峙して並ぶ

中心となる線を引き、そこから左右にそれぞれ15～20m離れた位置に2本のセーフラインを引きます。人数を均等に2チームつくり、中心線から左右に1mの間隔を空けて向かい合います。

白チームは偶数回のコールで追いかけるんだよ
赤チームは奇数回で追いかけるんだね

白チームセーフライン　赤チームセーフライン

わたしは偶数回で追いかければいいのね

白チーム　赤チーム

ぼくは偶数回で逃げるのかな

15～20m　1m　1m　15～20m

2 笛の回数でどちらかがオニに

先生が数回笛を鳴らして「そこまで!」とコールします。このとき、偶数回鳴らしたところで「そこまで」となったら白チームが、奇数回だったら赤チームがオニになり、追いかけっこ開始です。逃げるチームの人が後方のセーフラインまで逃げ切れたら勝ち、その間にタッチされたらオニのチームの人の勝ちです。5回戦行って勝敗を競います。

ピー！ピー！そこまで！
偶数回だ逃げろー
セーフ
タッチ

ここをチェック!

☑ コミュニケーションを図るため、1回戦ごとに両チームで握手してもよい。

ココがUP!

「そこまで！」の合図で瞬時に追いかけるか逃げるかを判断して行動するため、集中力や瞬発力を含むタイミング力が向上し、全速力の追いかけっこで敏捷性もアップする。

タイミング力　敏捷性

走る・跳ぶ
・コール・タッチ・ゲーム
・クイック・ターン・パス

167

壁を越えろ！

高学年 屋外 屋内

タッチされずにコートを走り抜けろ！

全長24mほどのコートを、守備陣にタッチされずに走り抜けます。敏捷性だけでなく、どのように守備をかいくぐるかという戦略が重要です。

走る

| 使用する道具 | なし | 人数 | 8人 | 時間 | 5分 |

身に付く能力 敏捷性 状況判断力 協調性

1 コートをつくり、守備ゾーンに待機

4人組を2チームつくり、攻撃・守備を決めます。全長24mのコートをつくり、その中に、長さ1mの守備ゾーンを4か所設けます。攻撃側はスタートラインに並び、守備側はそれぞれの守備ゾーンに立ちます。

ここをチェック！

☑ 守備の並び方や守備ゾーンの抜け方など、それぞれのチーム内で戦略を立てるようにして、コミュニケーションを図る。

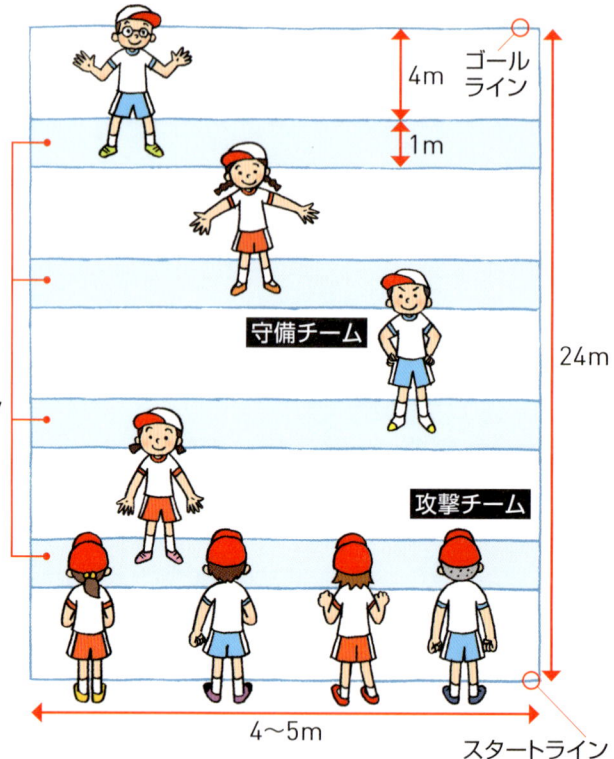

2 ゴールした人数が得点

先生の合図で攻撃側がスタート。守備側は自分のゾーン内を動いて攻撃側をタッチします。タッチされずにゴールラインまで走り抜けられた人数が、そのチームの得点になります。攻守交代し、4回戦の合計点で勝敗を決めます。

ココがUP！

24mを走るため敏捷性が向上する。守備にタッチされないように状況を判断したり、チームで立てた戦略で動き回るので、状況判断力や協調性も身に付く。

協調性　状況判断力

種目別 トレ・ゲーム一覧表

トレ・ゲームを種目別に分け、対象学年、時間、人数、身に付く能力が一目でわかる一覧表です。
授業や練習などのトレーニングしたい能力に合わせてご活用ください。

走る | 投げる | 跳ぶ | 打つ | その他

名称	学年	時間	人数	身に付く能力	ページ
ピックアップゲーム	低学年	10分	8人	筋力、敏捷性、集中力、協調性	26
走って足踏みしてジャンケンポン	低学年	3分	2人	持久力、敏捷性、集中力	28
ふたりでタッチ！	低学年	5分	大勢(13人以上)	敏捷性、状況判断力、協調性	30
ボールの宅配便	低学年	5分	大勢(16人以上)	身体バランス力、敏捷性、協応性	32
ペットボトルキッカー	低学年	2～5分	10人	筋力、持久力、状況判断力	44
キック！ 集まれ！	低学年	10分	10人	タイミング力、状況判断力、協調性	46
シッポを取ったり 取られたり	低学年	3分	16～20人	敏捷性、状況判断力、協調性	48
鶴の一声オニごっこ	低学年	5分	14～20人	タイミング力、敏捷性、集中力	50
走れ！ 疾風のごとく	低学年	1分	大勢(4人以上)	筋力、持久力、敏捷性	66
ジョギングタッチーシュート＆ゴールー	中学年	3分	4人	持久力、集中力、協調性	72
一心同体	中学年	3分	大勢(12人以上)	身体バランス力、集中力、状況判断力、協調性	82
ヒューマンサッカー	中学年	5分	大勢	持久力、タイミング力、敏捷性	88
サークル・リレー	中学年	5分	16人以上	身体バランス力、敏捷性、協調性	90
タッチして戻れ	中学年	5分	16人ほど	タイミング力、敏捷性、集中力	92
つながって交互に走れ	中学年	3分	大勢(4人以上)	タイミング力、巧緻性、協調性	94

169

学年	時間	人数	能力	ページ
中学年	5分	6人	持久力 巧緻性 協応性 集中力	まわれ 水！ 96ページ
中学年	5分	大勢	巧緻性 敏捷性 協応性 集中力 状況判断力	石けり障害物走 115ページ
中学年	5分	18人	タイミング力	サークル・ダッシュ 118ページ
高学年	5分	16人	敏捷性 集中力 協調性	復元能力 122ページ
高学年	3分	5人ほど	持久力 タイミング力 敏捷性 協調性	コミュニケーション・ランニング 136ページ
高学年	5分	大勢(8人以上)	持久力 巧緻性 状況判断力	最短ルートでゴー！ 140ページ
高学年	2分	大勢	筋力 身体バランス力 タイミング力 状況判断力	シグナルジャンプ＆ラン 144ページ
高学年	2分	6人以上	筋力 敏捷性 状況判断力	直角進行―スキップ＆ダッシュ― 146ページ
高学年	3分	10人以上	タイミング力	リアクション＆サークル・ラン 150ページ
高学年	5分	大勢	身体バランス力 タイミング力	対面リレー 152ページ
高学年	10分	12人ほど	巧緻性 状況判断力 協調性	ボールの運び屋にタッチ 154ページ
高学年	5分	18人	持久力 タイミング力 状況判断力	ナンバー・タッチ・ラン 162ページ
高学年	10分	10人	身体バランス力 巧緻性 協応性 協調性	ヒールキック―パス＆シュート― 164ページ
高学年	3分	大勢(2人以上)	タイミング力 敏捷性 集中力	コール・タッチ・ゲーム 167ページ
高学年	5分	8人	敏捷性 状況判断力 協調性	壁を越えろ！ 168ページ

投げる

走る｜投げる｜跳ぶ｜打つ｜その他

| 低学年 | 5分 | 5～6人 | タイミング力 敏捷性 状況判断力 | スーパーキャッチ 22ページ |

学年	時間	人数	能力	ページ
低学年 タオルでキャッチ＆スロー	5分	18人	タイミング力／巧緻性／協調性	34ページ
中学年 遠心力を活かせ！	5分	6人	タイミング力／巧緻性／集中力	74ページ
中学年 4面ドッジボール	5分	大勢(8〜20人)	タイミング力／巧緻性／集中力／状況判断力／協調性	100ページ
中学年 あっちこっち球投げ	3分	4人	巧緻性／集中力／状況判断力／協調性	109ページ
中学年 ペットボトル・リレー	5分	大勢(14人以上)	筋力／持久力／タイミング力／協調性	111ページ
中学年 空中ふんわりキャッチ	3分	大勢(4人以上)	巧緻性／敏捷性／協調性	114ページ
中学年 ボールブロッカー	3分	10人	タイミング力／敏捷性／集中力／状況判断力／協調性	117ページ
高学年 アイコンタクトパス	3分	7人	タイミング力／協応性／状況判断力／協調性	126ページ
高学年 ムービングキャッチ	5分	2人以上	身体バランス力／タイミング力／巧緻性／協応性	134ページ
高学年 ボール リターンズ	3分	4人	身体バランス力／タイミング力／集中力	138ページ
高学年 ボールホルダーを囲め！	3分	10人以上	巧緻性／敏捷性／状況判断力／協調性	148ページ
高学年 ウォッチ・ザ・ボール	2分	大勢(8人以上)	巧緻性／集中力／協調性	160ページ
高学年 風船的当て	2分	大勢(8人以上)	巧緻性／集中力／状況判断力／協調性	163ページ

跳ぶ

学年	時間	人数	能力	ページ
低学年 くぐって 越えて	5分	20人	柔軟性／身体バランス力／状況判断力／協調性	38ページ
低学年 ジャンプでオニごっこ	1分	大勢(7人以上)	筋力／身体バランス力／状況判断力	40ページ
低学年 野を越え 山を越え	4分	大勢(16人以上)	筋力／柔軟性／身体バランス力／敏捷性	42ページ

学年	時間	人数	種目	能力	ページ
低学年	1分〜	1人以上	タクト・サークル・ジャンケンジャンプ	筋力 タイミング力 協応性	52ページ
低学年	30秒（1人あたり）	大勢	数跳びピョンピョン	筋力 敏捷性 集中力	54ページ
低学年	1分	1人以上	リズムでピョン	筋力 タイミング力 協調性	58ページ
低学年	5分	大勢（10人以上）	スキップ・ジャンプ・タッチ	筋力 タイミング力 協応性 集中力 状況判断力	61ページ
低学年	1分	3人	ジャンプでキャッチ	持久力 身体バランス力 タイミング力 集中力 協調性	62ページ
低学年	1分	2人	タイミング・ジャンプゲーム	筋力 柔軟性 タイミング力 集中力 協調性	65ページ
中学年	5分	6人以上	ジャンプ地を確保せよ！	タイミング力 敏捷性 集中力 状況判断力 協調性	84ページ
中学年	2分	3人	バンブージャンプ	身体バランス力 タイミング力 集中力 協調性	98ページ
高学年	3分	大勢（9人以上）	リズミカルジャンプ	筋力 身体バランス力 タイミング力 敏捷性 協調性	156ページ
高学年	3分	10人	水の運び屋	持久力 タイミング力 敏捷性 状況判断力 協調性	165ページ
高学年	5分	6人	クイック・ターン・パス	タイミング力 巧緻性 敏捷性 協応性 状況判断力 協調性	166ページ

打つ

走る／投げる／跳ぶ／**打つ**／その他

学年	時間	人数	種目	能力	ページ
中学年	10分	6人	ターゲットによせろ！	巧緻性 集中力 状況判断力 協調性	76ページ
中学年	5分	大勢	卓球ゴルフ	タイミング力 巧緻性 集中力 協調性	78ページ
中学年	3分	大勢（16人以上）	打球を弾く壁になれ	タイミング力 集中力 状況判断力	102ページ
中学年	3分	大勢	新聞ボールを飛ばせ	タイミング力 巧緻性 集中力 協調性	108ページ
高学年	10分	4人	うちわでポンポン	タイミング力 敏捷性 集中力 協調性	132ページ

| 走る | 投げる | 跳ぶ | 打つ | その他 |

学年	時間	人数	種目	能力	ページ
低学年	5分	1人以上	バランス&クイック	身体バランス力／タイミング力／集中力／協調性	20
低学年	1〜5分	2人以上	くずすか くずされるか！	筋力／身体バランス力／タイミング力／集中力／協調性	24
低学年	12分	14人	宝の運び屋	柔軟性／身体バランス力／巧緻性／敏捷性／協応性	36
低学年	5分〜	大勢（4人以上）	ブラインドウォークリレー	身体バランス力／集中力／協調性	56
低学年	1分	大勢	目隠しエクササイズ	身体バランス力／集中力／協調性	60
低学年	2分	大勢（12人以上）	三人四脚 だれが蹴る？	身体バランス力／タイミング力／協調性	63
低学年	2分	14人	並んでいるのはだれ？	身体バランス力／タイミング力／状況判断力／協調性	64
低学年	1分	大勢（12人以上）	手押し車オニ	筋力／持久力／身体バランス力／タイミング力／状況判断力／協調性	67
低学年	1分	4人以上	すべてをしぼりきれ！	筋力／巧緻性	68
中学年	2分	1人	チェンジ・ザ・リズム♪	持久力／協応性／集中力	80
中学年	5分	12人以上	宝を持って 川をわたれ	筋力／身体バランス力／タイミング力／集中力／協調性	86
中学年	2分	12人	円形綱引き	筋力／持久力／身体バランス力／タイミング力／協調性	104
中学年	5分	8人	まきまきマシーン	筋力／巧緻性／集中力	106
中学年	2分	大勢	発信者を探せ	状況判断力／協調性	110
中学年	5分	大勢（12人以上）	数えてキャッチ	タイミング力／協応性／集中力／協調性	112
中学年	1分	3人以上	回転ハンマーをかわせ	身体バランス力／タイミング力／敏捷性	113

173

学年	時間	人数	能力	ページ
中学年 風の力で風船よ進め	5分	大勢(8人以上)	筋力 / 巧緻性・状況判断力	116ページ
高学年 すぐさまヘンシン！	5分	大勢(13人以上)	タイミング力 / 敏捷性・集中力・状況判断力・協調性	124ページ
高学年 タッチングストレッチ	3分	2人	柔軟性 / 協調性	128ページ
高学年 「どこ？」「ここ！」	10分	12人以上	身体バランス力 / 集中力・状況判断力	130ページ
高学年 落とさず 復元せよ！	10分	4人以上	身体バランス力 / 巧緻性・協応性・集中力・状況判断力・協調性	142ページ
高学年 スリーチーム綱引き	3分	大勢(12人以上)	筋力・持久力 / 状況判断力・協調性	158ページ
高学年 切り替え上手	1分	1人	身体バランス力・タイミング力 / 巧緻性	161ページ

主な参考文献と協力者紹介

主な参考文献

- 「小学校学習指導要領解説体育編」(2015) 東洋館出版
- 「身体感覚をひらく―野口体操に学ぶ」(2007) 岩波書店
- 「高齢者のいきいき体操」(1986) 家の光協会
- 「みんなで遊ぼう」(1988) 遊戯社
- 「小学校体育」(2015) 玉川大学出版部
- 「学校体育実技指導資料第7集「体つくり運動」(改訂版) 文部科学省
- 「小学校体育(運動領域)まるわかりハンドブック」文部科学省
- 「すぐ使える！体つくり運動の指導法」(2010) 小学館
- 「レクリエーション支援の基礎―楽しさ・心地よさを活かす理論と技術」(2007) ㈶日本レクリエーション協会

協力してくれた小学生のみんな

撮影に協力してくれた杉並区立方南小学校の小学生のみんなと松尾哲矢

【著者プロフィール】
松尾 哲矢（まつお てつや）

1961年福岡県生まれ。九州大学大学院博士課程人間環境学府単位取得退学、博士（教育学）。現在、立教大学コミュニティ福祉学部スポーツウエルネス学科教授、専攻はスポーツ社会学、スポーツプロモーション論。日本レジャー・レクリエーション学会常任理事、日本スポーツ社会学会理事、（一社）日本体育学会代議員、（公財）日本レクリエーション協会理事、（公財）日本体育協会指導者育成委員会委員・「Sports Japan」編集部会副部会長などを歴任。著書に『アスリートを育てる〈場〉の社会学―民間クラブがスポーツを変えた』（単著）青弓社（2015）、『福祉社会のアミューズメントとスポーツ』（共編著）世界思想社（2010）、『身体感覚をひらく―野口体操に学ぶ』（共著）岩波書店（2007）などがある。

【スタッフ】
本文デザイン
周恵綺（sumi design room）
佐々木志帆（株式会社キャデック）
本文イラスト
下間文恵
ニシハマ　カオリ
北垣絵美
カバーイラスト
ニシハマ　カオリ
写真撮影
森武志
編集・制作
田中隆博（株式会社キャデック）
編集担当
原智宏（ナツメ出版企画株式会社）

本書は、（公財）日本体育協会『Sport JUST』（2001年4月〜2009年3月、三省堂スポーツソフト）、『文部科学省委託事業―子どもの発達段階に応じた体力向上プログラムの普及啓発　みんなで遊んで元気アップ!アクティブ・チャイルド・プログラム』（2010年、（公財）日本体育協会、分担執筆）の執筆原稿を元にしたものです。

本書に関するお問い合わせは、書名・発行日・該当ページを明記の上、下記のいずれかの方法にてお送りください。電話でのお問い合わせはお受けしておりません。
・ナツメ社webサイトの問い合わせフォーム
　https://www.natsume.co.jp/contact
・FAX（03-3291-1305）
・郵送（下記、ナツメ出版企画株式会社宛て）
なお、回答までに日にちをいただく場合があります。正誤のお問い合わせ以外の書籍内容に関する解説・個別の相談は行っておりません。あらかじめご了承ください。

ナツメ社Webサイト
https://www.natsume.co.jp
書籍の最新情報（正誤情報を含む）はナツメ社Webサイトをご覧ください。

子どもの体力・運動能力がアップする
体つくり運動&トレ・ゲーム集

2016年3月 1日　初版発行
2025年3月10日　第8刷発行

著　者　松尾哲矢　　　　　　　　　　　　　©Matsuo Tetsuya,2016
発行者　田村正隆

発行所　株式会社ナツメ社
　　　　東京都千代田区神田神保町1-52　ナツメ社ビル1F（〒101-0051）
　　　　電話 03-3291-1257（代表）　FAX 03-3291-5761
　　　　振替 00130-1-58661
制　作　ナツメ出版企画株式会社
　　　　東京都千代田区神田神保町1-52　ナツメ社ビル3F（〒101-0051）
　　　　電話 03-3295-3921（代表）
印刷所　TOPPANクロレ株式会社

ISBN978-4-8163-5992-7　　　　　　　　　　　　　　　　Printed in Japan

〈定価はカバーに表示してあります〉　〈乱丁・落丁本はお取り替えします〉
本書の一部または全部を著作権法で定められている範囲を超え、ナツメ出版企画株式会社に無断で複写、複製、転載、データファイル化することを禁じます。